五南文庫 040

論哲學

蔡元培◎著

寫於五南文庫發刊之際——

不信春風喚不回……

在各項資訊隨手可得的今日，回首過往書香繚繞情景，已不復見！網路資訊普及、媒體傳播入微，不意味人們的智慧能倍速增長，曾幾何時「知識」這堂課，也如速食一般，無法細細品味，只得囫圇嚥下！慣性的瀏覽讓知識無法恆久，資訊的光速致使大眾正在減少甚或停止閱讀。由古至今，聚精會神之於「閱」、頷首朗頌之於「讀」，此刻，正面臨新舊世代的考驗。

身為一個投入文化暨學術多年的出版老兵，對此與其說憂心，毋寧說更感慚愧。自身的成長，得益於前輩們戮力出版的各類知識典籍。而今，卻無法讓社會大眾再次感受到知識的力量、閱讀的喜悅、解惑的滿足，這是以傳播知識、涵養文化為天職的吾人不能不反躬自省之責。值此之故，特別籌畫發行「五南文庫」，以盡己身之綿薄。

文庫，傳自西方，多少帶著點啟迪社會大眾的味道，這是歷史發展使然。德國雷克拉姆出版社的「世界文庫」、英國企鵝出版社的「企鵝文庫」、法國伽利瑪出版社的「七星文庫」、日本岩波書店的「岩波文庫」及講談社的「講談社文庫」，為箇中翹楚，全球聞名。華人世界裡商務印書館的「人人文庫」、志文出版社的「新潮文庫」，也都風行一時，滋養了好幾世代的讀書人和知識分子。此刻，「五南文庫」的出版，不再僅止於啟蒙，而是要在眾聲喧嘩、浮躁不定的當下，闢出一方閱讀的淨（靜）土，讓社會大眾能體驗到可藉由閱讀沉澱思緒、安定心靈，進而掌握方向、海闊天空。

五南出版公司一直致力於推廣專業學術知識，「五南文庫」則從立足學術，進而面向大眾，以價廉但優質、厚實卻易攜帶的小開本型式，取代知識的「沉重與昂貴」，亦即將知識的巨大形象裝進讀者的隨身口袋，既甜美可口又和善親切。除了古今中外歷久彌新的名著經典，更網羅當代名家學者的心血力作，於傳統中展現新意，連結過去與現在。

人生是一種從無到有，從學習到傳承的不間斷過程。出版也同樣隨著人的成長而發生、思索、變化與持續，建構著一個從過去到未來的想像藍圖，從閱讀到理解、從學習到體會、從經驗到傳承，從實踐到想像。吾人以出版為職責、為承諾，正是希望能建構這樣的知識寶庫，希冀讓閱讀成為大眾的一種習慣，喚回醇美而雋永的閱讀春風。

發行人

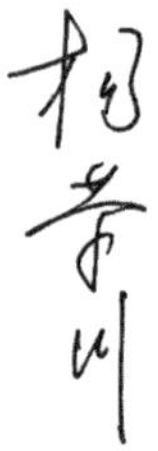

二〇〇八年六月

目錄

哲學大綱

哲學要領

哲學大綱

凡例

一、本書以德意志哲學家厲希脫爾氏之「哲學導言」Richter Einführung in die Philosophie爲本，而兼採包爾生Paulsen馮德Wunde兩氏之「哲學入門」Einleitung in die Philosophie以補之。亦有取之他書及參以己意者，互相錯綜；不復一一識別。

二、本書可供師範教科及研究哲學之用。

三、本書既爲引人研究哲學之作，非哲學之著述。故歷舉各派之說，不多下十成斷語，留讀者自由思考之餘地。

四、本書譯語，務取最習用者。習用者不可得，始立新語；爲譯語誌要，附於書後，以備檢核。

第一編　通論

哲學之定義

哲學者，希臘語「斐羅索斐」[1]之譯名。斐羅者，好也；索斐者，知也；合而言之，是爲好知。（論語曰：好知不好學。）其初常用爲尚理論而疏實利之義，如「海羅陀」[2]所述，「克羅素」見「梭倫」而歎爲「斐羅索斐」之旅行，以其旅行之鵠的，在廣求世界知識，與商賈軍人有別也。「拍拉圖」自闢精舍，標榜「斐羅索斐」以與詭辯家對待；亦謂詭辯家遊行都市，教授科學美術及辯論術，務以弋利。而「拍拉圖」則承「蘇革拉底」[3]之派，與弟子自由講習。專以研究眞理爲鵠的，而他無所求也。然自是以後，漸爲學問之專名矣。

「拍拉圖」嘗爲哲學界說，謂之實體之認識；又謂之無窮及有常之認識。「雅里士多德爾」[4]謂之研求凡物之原因及本體，「拉布尼支」則取譬於木。謂哲學猶其根柢，而科學爲其枝葉。是皆以哲學爲全體知識之學也。

英國經驗哲學「洛克」、「謙謨」諸家，嘗揭取心理界諸問題，如認識之起原及條件，與夫行爲之動機及鵠的等，爲哲學之對象。而心理學家「貝耐克」[5]、「栗丕斯」諸氏，又謂哲學以人類意識界之結論爲範圍，於是以心理爲中堅，以歷史學及各種有系統之精神科學左右之，而自然科學之理論，則不復組入也。

以上諸說，雖所見有偏全之殊，而要皆自理論方面詮釋之。而與之對待者，則偏於實際方面，於是哲學之內容，不以知見，而以品格；此其主義，亦復由來甚古。蓋述希臘哲學者，無不推原於七賢，大抵以嘉言懿行爲後世所仰慕，及宇宙論盛行以後，而「蘇革拉底」乃以「知德同點」之說著。其後希臘哲學家，鮮有不注重於德行者。近世哲學，加「叔本華」、「尼采」等皆以道德爲哲學最終之問題。洛克派之別出者，及專研「康德」、「費希脫」[6]實際方面之學說，而倡爲新哲學及神學者，皆近於此派。而「德林」著哲學之品性主義，其最著者矣。

要之哲學爲學問中最高之一境，於物理界及心理界之知識，必不容有所偏廢。而既有條貫萬有之理論，則必演繹而爲按切實際之世界觀及人生觀；亦吾人意識中必然之趨勢也。故在昔哲學家，雖以其性質之偏勝，或迫於時勢之要求，而有所畸重；而按諸哲學之本義，則固當兼容而并包之。

哲學與科學

韓非子「解老篇」曰：「凡物之有形者，易裁也，易割也；何以論之？有形則有短長，有短長則有大小；有大小則有方圓，有方圓則有堅脆，有堅脆則有輕重，有輕重則有白黑，短長大小方圓堅脆輕重白黑之謂理。」又曰：「凡理者，方圓短長麤靡堅脆之分也。故理定而後可道也。理定，有存亡，有死生，有盛衰。夫物之一存一亡，乍死乍生，初盛而後衰者，不可謂常。唯夫與天地之剖判也俱生，至天地之消滅也不死不衰者，謂常者。而常無定理，無定理，非在於常所，是以不可道也。聖人執其玄虛，用其周行，強字之曰道。」其所謂理，即今日科學之內容；其所謂道，即哲學之內容。是先秦學者，本有此分別觀念，特以科學既未確立，則哲學亦無自而自畫其領域。自宋以後，或言道學，或言理學，皆含有哲學之意義。而科學觀念，則自歐化輸入以後，始確定焉。

歐洲古代學者，初不設哲學科學之別。凡今日所謂科學者，悉列爲哲學之一部。「柏拉圖」之哲學，舉一切物理、心理、政治、道德之理論而悉包之。「雅里士多德爾」則分別部居爲論理學、物理學、心理學、宇宙論、動物學、玄學、倫理學、政治學、理財學、雄辯術、文學諸科。而即以組成哲學之系統。及中古煩瑣哲學，以哲學隸於宗教，而科學之組入哲學如故。即近世哲學，自「培根」、「特嘉爾」[7]以降，亦尚仍其習慣。「培根」分學術爲記憶、想像、知識三種。記憶者，歷史學也；想像者，文學也；知識者，哲學也。而哲學一部，舉一切科學知識而悉包之。「特嘉爾」釋哲學爲人類知識之全體，而揭其最要之部分，爲：1.玄學，2.物理學，3.機械學。實以自然科學爲哲學中重要之部分。其後「培根」一派，如「霍布」、「洛克」、「奈端」[8]等。「特嘉爾」一派，如「斯賓儺賽」[9]、「萊布尼支」[10]、「伏爾弗」等，其所謂哲學亦然。

哲學與科學之界別，始於兩種原因：一、因有屏科學而獨立之哲學。二、因有離哲學而獨立之科學。

自「康德」作認識論，以知見之形式爲純任先天，而不關乎經驗。承其流者，遂演爲超軼經驗之哲學。如「賽林」、「費希脫」、「海該爾」[11]諸家是已。「費希脫」謂哲學者，不必顧慮於何等經驗，而一切據先天之性靈以經營之。「賽林」則且以研究自然現象者，爲盲動，爲無理性。謂哲學之敗壞，自「培根」始；物理學之敗壞，自「波愛爾」[12]及「奈端」始。至「海該爾」而此等思索派之哲學，達於極度，舉所謂世界之本體，一以論理之概念構成之。此哲學之屏斥科學者也。

自十六世紀以後，各種科學，自由發展，爲物理學、化學、動植物學等。關於自然現象者，已無不自立爲系統之科學；而關於人事，如政治、法建社會諸科學繼之。至於今日，則如心理學者，亦以其根據生理利用實驗之故，復離哲學而獨立。故說者謂哲學所包含之科學，既以漸而獨立，則哲學將來之運命，將日趨於消極。「郎革」謂哲學將僅爲有理想之文詞，海該爾派之專治哲學史者，謂哲學家之職業，將不外乎自述其歷史，此又科學之離於哲學者也。雖然，屏科學而治哲學，則易涉臆說；遠哲學而治科學，則不免拘墟；兩者可以區分而不能離絕也。今日最持平之說，以哲學爲一種普遍之科學，合各科學所求得之公例，爲之去其互相矛盾之點，而組織爲普遍之律貫，又舉普遍知識之應用於各科學而爲方法爲前提者，皆探尋其最高之本體而檢核之。如是，則哲學者，與科學互相爲因果，而又自有其領域焉。

哲學與宗教

哲學與宗教，在歷史中有迭爲主客之關係。未開化之民族，無所謂哲學也，宗教而已。人智進步，有對於普通信仰之主義而不敢贊同者，視其智力之所能及而研求之，是謂哲學思想之始。「特嘉爾」所謂哲學始於疑者是也，希臘哲學家，爲當時神道教之反對者，「蘇革拉底」以是隕其身而不悔。「柏拉圖」及「雅里士多得爾」之哲學，則以融合科學及宗教，爲最高之鵠的，欲以哲學求得正確之世界觀，而據是以建設完全之宗教。其後「斯多噶」及「愛璧古爾」二派亦然。希臘舊教之所以衰歇，哲學家與有力焉。

自基督教興，利用新柏拉圖派，及雅里士多得爾派之哲學，以張其教義。所謂「沙拉斯替克」者也（煩瑣哲學）。於是昔日影響宗教之哲學，遂蘊蘊於神學之中，而爲宗教之臣僕。此西歷八世紀至十六世紀之已事也。

及十七世紀，經「培根」、「斯賓儺賽」、「洛克」諸家之提倡，而十八世紀疏證哲學興，務以哲學爲常識而散布於人人。在英有「貝克來」等，在法有「福爾泰」[13]等，在德有「伏爾弗」等，拔哲學於神學之中，而復爲獨立之科學；且欲以哲學之理想，爲信仰之標準，而建設智力之宗教，復以宗教爲哲學之隸屬焉。

康德創立評判哲學，畫定人類知識之界限，謂「吾人據事物之經驗，就論理之形式，而構成概念，皆感覺界以內之事，即哲學及科學之領域也。宗教則託始於超軼感覺之觀念，而不以概念爲根柢，故哲學與宗教，各有其範圍，而不必互相干涉。」如其說，則哲學家當從事於感覺界以內，集經驗科學之大成，而組成完全之律貫。若適此而對於萬有最早之原因，及其最後之鵠的，欲以理論證明之，則爲侵入宗教之範圍，而終無自而解決。宗教家當游神於感覺界以外，循人類最高之希望，而貽以修養之法。若適此而對於科學之結論，如地球繞日、人猿同宗諸說，欲以經訓反對之，則亦徒爲無謂之紛爭，而自陷於謬誤也。

雖然，哲學與宗教之離絕，良非易易。蓋思想與信仰，雖異其方面，而要同託於一人之意識界。若截然界別之，則於人類趨向統一之本性，爲之不安。故康德以後之哲學家，常欲溝通哲學及宗教，而提出統一之主義，其最著之說有二：「斯拉瑪海」及「海該爾」是也。「斯拉瑪海」當反對宗教論盛行之時，獨以哲學求宗教之眞諦，而爲之抗議。其大意謂：「人類心靈之作用有二：一隸於感覺世界，一隸於感覺以上世界。感覺世界者，知見之世界也，一切循知見之律貫，以爲秩序。感覺以上之世界，情感之世界也。人類以其固有之性靈，興趣。繼感覺之本體相接引，而所藉以表示其係屬之情感者，爲宗教。」此承康德之說，而以二元論之式詮解之者也。

「海該爾」則謂：「哲學及宗教，皆吾人理性之作用，不異其內容，而異其形式。其由印象及情感之效果，而見於符記者，以想像爲機關，而以宗教爲作用。其循論理之塗轍，而構爲概念者。以理想爲機關，而以哲學爲作用；是則兩者均不外乎吾人之理性。雖其表示之狀態，不能盡同；而其最深之根柢，決無二致。此又承康德之說，而以一元之論式結合之者也。」

其他哲學家致力於宗教哲學統一之主義者，及今未沫。而各尊所聞，迄無定論。觀哲學界及神學界之趨勢，殆將復返於康德之故步，而守其互相干涉之戒焉。

哲學之部類

近世部別科學者，常列爲三部：1.常有前後相承之現象，屢試而屢驗者，是爲現象之學。如物理、化學等是也。2.種種對象，樊然並陳，由研究者互相比較，而求得有條理有秩序之概念，是爲律貫之學。如植物、動物、生理諸科學是也。3.介乎前兩者之間，有相承之現象，又有待於比較之概念以組織之，是謂系統之學。如歷史學、生物進化學等是也。古代哲學，包心理學而有之。其學本屬於現象一類。然現象之學，本與哲學之性質及方法不能相容，而自生理心理之學成立，則心理學所研究者，皆以心靈中實現之作用及由是而發生之行爲爲對象，而實地經驗之，以求得公例，與理化各科無異，不復藉玄學之假定義以爲前提，不容不離哲學而獨立；故哲學中不復列心理學。而所可部別者，亦惟有系統律貫二類焉。

系統之學，爲能知之事，知識之學隸之。而其間又有二別：1.所以研究思想之形式及模範者，論理學是也。2.所以證明知識之實狀者，認識論是也。而認識論之一部分爲方法之學，則兼形式與實狀而有之。以其一方面鉤取各科學所用之方法，而稽核之，爲屬於實狀；又一方面，則歸納此等方法於論理之範疇及認識之宗旨，則又屬於形式也。

律貫之學，爲所知之事，原理之學隸之。其間先區爲普通特別二門。普通者，玄學是也。亦或謂之純正哲學。特別者，先區爲自然哲學及精神哲學。自然哲學，又區爲1.宇宙論，2.生物學，3.人學。雖近似自然科學，而皆含有普遍之性質者也。人學者，兼生理心理而研究之，其專研生理之人類學，則爲自然科學，而隸於動物學者也。精神哲學，則別爲1.倫理學及法律哲學，2.美學，3.宗教哲學。而歷史哲學，則一方面關乎道德法律之成績，一方面又關乎宇宙論及生物人類之學，兼自然精神兩界而有之。至於哲學史，則於哲學所研究之範圍，無論其爲系統者律貫者，無不與之有關，故又兼兩類而有之。爲表如左：

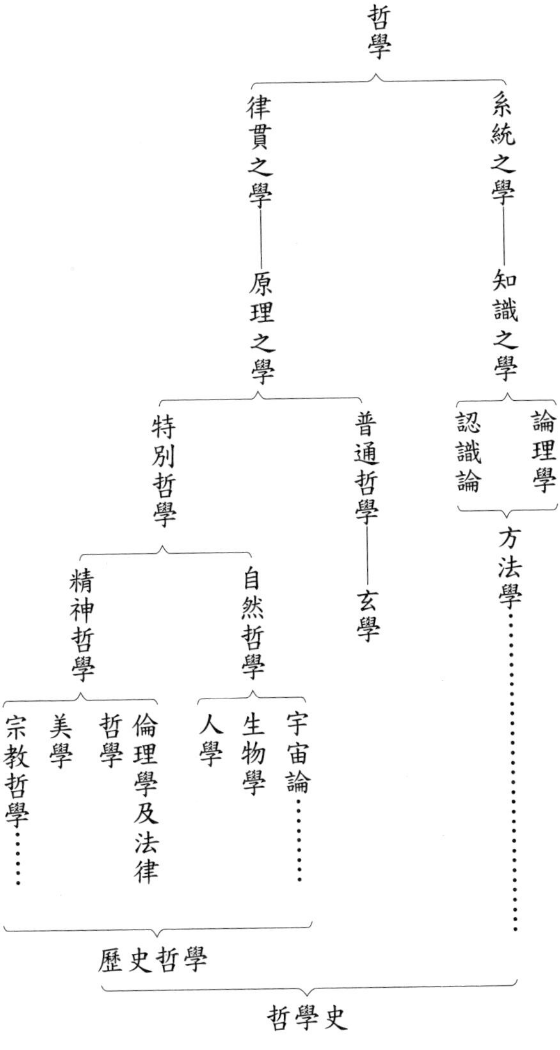
哲學
律貫之學
系統之學
原理之學
知識之學
特別哲學
普通哲學
論理學
認識論
方法學……
精神哲學
自然哲學
玄學
宇宙論……
生物學
人學
倫理學及法律哲學
美學
宗教哲學……
歷史哲學
哲學史

研究哲學之次第

近世哲學界中，康德派多偏重認識論；海該爾派，則偏重本體論；其他如德林之屬，又偏重價值論。夫認識論者，研究之方法也。本體論者，知識之內容也。價值論者，理論之應用也。兼此三者而哲學之能事始完，不得舉一而廢其他也。而三者之中，以本體論爲中堅。惟欲本體論之不陷於謬誤，不可不有正當之方法，故必以認識論先之；既有本體論之結論，乃得本是以應用於實際，故以價值論殿之。

第二編　認識論

認識之概念

有心理之認識，如對於舊游之地，若久別之友者，是也。有論理之認識，對於眞理或非眞理而爲正確之判斷是也。哲學家之所謂認識，以論理之認識爲限。

所謂正確之判斷者如何乎？曰：其證有四：一曰感情之相應，如趙高指鹿爲馬，而群臣和之。此感情與判斷之不相容者也。所謂相應也者，判爲眞理；則必有贊成之感情應之。判爲非眞理，則必有反對之感情應之。二曰經驗與思索之調和，古人以彗屋爲兵災之兆；此憑偶然之經驗，而不合於思索者也。化學家自謂有造人之術，此出一時之思索，而不合於經驗者也。眞確之判斷，則反之。三曰意識之明瞭。醉後讕言，夢中囈語，雖合事實，僅爲偶中。正確之判斷，必其思索之脈系，經驗之狀態，皆瞭然於意識中者。四曰人情之契合，如數學中之2（甲＋乙）等於2，甲+2甲，乙+2乙；如化學中輕二養爲水。此不特本一人之思索及經驗而判斷如是，即推之其他一切能思索能經驗之人，亦將無不爲如是之判斷也。

主觀之認識

吾人意識中有種種印象，集經驗界所供給者，非特童牛角馬，瑤草琪花，純爲想像力所構造者然也。即明明本諸實物，而既爲抽象之總觀念。如三角、如馬、如德行、則吾人亦得任意而分之合之大之小之。於是不復謂之實物，而專屬於主觀；吾人得以眞者判斷之，而謂之主觀之認識。此等主觀之性質，純然論理若數理之關係也；如曰：「金鑄之人是曰金人。」如曰「使人類可以不死；老聃，人也。老聃可以不死。」又如曰：「一三角形，其角度之和，必等於兩正角之和。」又如曰：「以三乘六十六，得百九十八。」此皆不必求印證於實物，而且得普遍之贊同者也。由是而推之，凡其反對之象，不特爲吾人所否決，而且非吾人所能存想者；皆屬於此類。如曰：「有石下墜，不隕於地，而轉如飛艇之升於空中。」此雖吾人所否決，而尚可以存想之。如曰：「馬非馬」，如曰：「同邊之三角形，其角度不同。」則吾人雖可以語言表示之，而其意義，乃決非吾人所能存想矣。

凡正確之判斷，必爲思索及經驗之調和，既於前章言之；而所謂純然數理及論理之判斷，則初不待乎經驗，而其爲正確也自若。雖其應用之時，未嘗不與經驗爲緣，而考其全體之性質；及其公例之由來，則決非如他種經驗知識，由屢屢同一現象而構成概念者。蓋一切經驗之知識，皆可存想其反對方面之狀態；所謂可決，亦僅能爲大多數之推度，而不能爲普遍之定例；至其應用，亦不容爲想像力所變更。而主觀之認識皆反之，是以謂之先天之關係。

實現世界之認識

吾人意識中，不僅有主觀之認識而已，常有種種實現之印象，非吾人之思想所能自由生滅者。例如一筆一書，一喜一悲，非吾人之思想所能無端消滅之；或無端變革之。使吾人未嘗見一筆於此，見一書於彼；則不能無端爲見其在此見其在彼之想；既已見之，則又不能以思想變革爲無見。又如吾人當賞心樂事之場，非有特別刺激必不能爲向隅之泣。又如芒刺在背，決不能以思想易苦痛而爲愉適。皆其證也。

是等實現之印象有二別：一屬於物理者，謂之外物；亦謂之形而下，如書筆及其他無機有機諸物是也；是謂感覺。其一屬於心理者，謂之內識，亦謂之形而上。如悲喜及其他希望恐懼之屬是也；是謂情感及意志之衝動。

夫此等感覺，與夫情感及意志之衝動，如何而爲認識之對象乎？曰：是皆謂之意識之內容。1.以其種種性質，如色、如聲、如苦痛、如愉快，皆不爲獨立之性質，而特爲吾人意識之所覺。2.以其無論何時，凡曾經了解著，皆能以心力存想而復見之。3.以其不能互相離絕，常互相變易，而互相關聯，以構成我見也。凡意識頃刻間之所歷，謂之直接之經驗，亦謂之不可反對之經驗；而意識之閱歷，則謂之論理界必然之思想。能使吾人回想其所閱歷，而爲正確之判斷者也。如曰：「我見光。」如曰：「我追想交際社會中之愉快。」此爲經驗界最正確之判斷，而得最完全之調和於經驗思索之間者。以其判斷，對於此一時之光覺及快感，而非普通之所謂光所謂愉快也。

使吾人以意識之經歷與其所經歷者，各就範於論理及數理之公例，則其爲正確也從同。如曰：「我思三加四得七」。又如曰：「我思人皆不免於死。我思某甲人也，我思某甲亦不免於死」。此其意識之經歷，固正確矣。然如我取梨三，又取梨四，而我謂之七梨。又如人既不免於死，某甲人也，我斷某甲不免於死。此其意識之所閱歷，即亦不得不謂之正確。何則？其反對之狀態，非吾人所能存想；而其判斷，又必受普遍之贊同；固無以異於前者也。

夫是等判斷，何以必兼經驗與思索而構成之乎？其故如下：

如曰：純然以經驗構成之，則將謂一切現象之變化，必有其原因。而此之現象，即其效果，苟非有特別之旁緣，則此種因果之相承，必不容有例外。例如臘克謨紙，遇酸而紅，遇鹼而青。如恐怖希望，常相繼而來。如眼神經苟被激觸，則必有色之感覺；此其認識之所由來，誠起於種種分子。如臘克謨、如酸、如紅、如鹼、如青、如恐怖、如希望、如眼神經、如色。使吾人於同一之關係試驗之，則此種種分子，誠能以同此之形式，相承而復見；此經驗之效也。然憑此成績，而遂爲不容例外之定律，且以應用於過去未來，一切不及經驗之境，豈尚得以經驗目之耶？

如曰：純然以思索構成之，則物理界心理界種種不規則之現象，與夫各種規則之特性及缺點，有不能僅憑思索以規定之者。例如三加五爲七，雖吾人所不能存想。然而大空之有極，彈丸之循弧線而投出者，不循切線而下墜，則雖不合於事實，而吾人可以想之。然則所以矯正之者，不經驗之恃而何恃耶？

由是如物理界或心理界定律之構成，不能僅憑經驗，亦不能僅憑思索；必也合兩者而經營之。以經驗求得前此齊同之現象。以思想彌補之，使此等齊同之現象，益以推廣其範圍。而且爲畫一之規則，以應用於人人也。

本體世界之認識

人類雖有此實現世界之認識，而尚不足以厭其好知之欲望。常欲由此實現之內容，而更求其內容之元始。由此畫一規則，而更求其規則之根極。於是有一問題焉。曰：超軼吾等意識中實現世界以外，更有所謂本體世界否乎？於是有互相對待之解決法，即所謂實質論與觀念論也。實質論者，以本體世界爲一種實質，在吾人意識以外；而觀念論反之，則謂其不外乎吾人意識之關係。兩家之爭點，以關於物理界者爲最劇。今先述其聚訟之概略，如左：

夫吾人所以定判斷之正確與否，不嘗主經驗與思索之調和乎？今對於兩家之聚訟，而所以稽核之者，即亦不外乎此。核兩家之言，時而自謂純得之於經驗，時而自謂發於必然之思索，時而自謂本經驗所得而且以思索整理之者，請約舉而評判之。

實質論之經驗說，曰：「吾人之所經驗，物之實質，固嘗藉吾人之感覺以昭示之矣。」觀念論之經驗說，則曰：「吾人所見有物理世界者，以感覺爲原泉。而感覺者，不外乎吾人意識之內容，是至明瞭之經驗也。」雖然，一切經驗，均不能軼於意識以外。則實質論所謂意識以外有實質，固不得謂純然根據於經驗也。經驗固不外乎意識，而所謂意識以外必不容有凡物之實質焉，豈亦曾所經驗乎？則觀念論之說，亦不得謂純然經驗之效果也。

實質論之必然思索說，曰：「執途人而問之，均不敢謂吾人感覺以外，別無萬物之實質也。」觀念論之必然思索說，則曰：「吾人苟一存想，謂世界本體，不必有關係於意識；而此之存想，即不能遁諸意識以外矣。」雖然，意識以外無實質，固吾人所能存想者，實質論自以其說爲必然之思索非也。吾人又未嘗不可設想，以爲凡思想即皆物理作用之現於意識中者，凡思想之內容，皆根據於意識以外之一種實質，然則觀念論之所主張，未嘗不可爲反對方面之存想，亦豈得謂之必然之思索乎？

實質論之經驗思索調和說，曰：「苟非意識以外。別有與之對待之實質，循因果之定律以感動之，無自而發生確有規則之現象也。」觀念論之經驗思索調和說，則曰：「吾人意識中，現象與現象之間，固已合乎因果律矣。何居乎必於吾人意識界以外，復設一雷同之實質乎？」雖然，因果律之形式，固未嘗不可以觀念轉置之；加云：由琴弦之振動而傳於空氣，又由空氣之波動而傳於聽神經，於是吾人有聲之感覺，是也。然未嘗不可轉而用之，謂吾人有琴弦振動之感覺，而後有空氣波動之感覺，而後有聲之感覺；然則實質論謂非有實質不能構成因果律，非不易之論也。往日不知科學之人，常爲極端之實質論，即以各種感動之部分，均爲凡物之實質；此固非今之實質論所可同日而語也。今之實質論，以感覺爲物質激刺之反射，又未嘗以此反射者爲即激刺者之攝影，而僅僅謂之符號；例如花之感覺，有色、有香、而甚柔，非其本質如此也。花之本質，乃於直觀中空間之一部分，聚有多數之原子，由此原子，發爲無色之氣體，或不可見之「以太」，或其他心理上所能想像者。及其入於感覺也，而後爲香色爲柔云爾。然則實質論之說，初不以本體世界與實現世界爲同一之內容，而觀念論乃以雷同斥之，亦非確定矣。

由是觀之，實質論與觀念論，均不能爲絕對之正確；亦均不得爲絕對之不正確也。然則於物質觀念兩派以外，尚有可以指證者乎？曰：無之。雖然，有一事焉；可以指證者。曰：對於物理世界本體之判斷，既不能如主觀認識之爲絕眞，亦不能如現實世界因果律之爲近眞；而僅能爲或眞之擬議，以其不可得而經驗也。

所謂不可經驗者，非不及經驗之謂。如吾在此室，而忽聞門外有搶攘之聲，雖一時不知其所由來，而可以推尋而得之。又如地球之起源如何？當地球發生第一植物時，使有見之者，其愉快如何。此在吾人雖無可以經驗之希望。然地球之成立，第一植物之發生，皆實有其時期及事實；惟吾人不及生當時耳。苟作萬一想像，謂有生當其時者，則亦得而經驗之，此皆不及經驗之問題也。若乃物理界之本體，則吾人雖日日生活其中，而決不能爲經驗之想像。是根本義所不許也，故謂之不可經驗。

既曰不可經驗，則對於此種判斷，不能以經驗爲標準。然則以思索爲標準乎？而必然之思索，所可取決者，惟論理及數理耳。其他既不能應用於物體，亦不能應用於物性，而對於物理界之本體，更無所施其技。然則其標準何在乎？曰：必不得已，仍善用普通認識之標準而已。普通認識之標準如何？曰：

經驗及思索之調和也。使其所主張者，於思想界有自相矛盾之點；或其所藉以證明者，於經驗界有違反事實之跡；則不得不斥爲謬說。使其根據經驗界之公例，而推用於經驗界以上，以超絕經驗之元素，組織爲理論。由其理論而演繹之，又足以證明一切經驗界事物之原理，而無所衝突，則可以贊同之說也。使有數派之說，皆達於此程度；則視其演繹之方式，易簡者較優，而委曲者較遜焉。

以是爲準，則實質論與觀念論，皆在可以贊同之列。至其演繹之方式，何者最爲易簡？而尤可以受吾人之贊同，則已侵入玄學問題，當於下編詳之。

至於即心理方面而言本體，則亦可以前說比例而得之。蓋心理諸問題，其有可經驗與不可經驗之別，與物理無異。感情欲望之屬，可以經驗者也。至於我見之本體，合多數之心理，求其統一及原始之點，並求此統一心理之性質，簡單乎？自由乎？不滅乎？則皆超乎經驗之範圍者矣。

認識之程度

自希臘以降，凡思想家以人類之認識力爲不受制限者，謂之獨斷派。其以認識力爲不足憑依者，謂之懷疑派。雖兩派之中，各有絕對主張或相對主張之不同，而要其不失爲一派之所主張，則同也。

獨斷派之所主張，以爲人類者，自根本義觀之，無論何種對象，皆可以有絕對正確之認識者也。此非指各人而言，而特據人類之普通性言之。蓋人固常有生而不慧者，早夭者，失學者，不能責以至正確之認識。要皆可指爲例外，而於人類之普通性無礙也。

懷疑派之所主張，則反之。謂人類者，不能有正確之認識，而其所謂認識者，率不能謂之正確，此亦爲人類之普通性言，而非爲各人言之。

對於此兩派相反之主張而加以判斷，不外乎以前此所述之認識力爲標準。蓋吾人之認識力，因對象之不同，而認識之程度，遂有深淺之異。苟觀察者由淺而深，則循其進步之跡，而達於積極。又或由深而淺，則循其退化之程，而達於消極。是即獨斷論與懷疑論之所以歧異，而兩者實互有是非也。

蓋自其趨於積極之一方面觀察之，所謂本體世界者，雖曰玄之又玄，而尚有可以窺測之端倪。進而及現實世界，則凡本經驗及思索之調和而判斷之者，其正確之程度，已達於高點。進而至於主觀直接及論理數理之認識，則可許為極端之正確。然則人類認識力之可恃，固已彰明較著。在獨斷派之主張，不為無見；而懷疑派一切抹殺之，不得不謂之謬誤矣。

雖然，自其趨於消極之一方面觀察之，自主觀直接及論理數理之認識以外，現實世界之認識，已不能證明其為完全之正確。至於不可經驗世界，則惟有懸想若假定之說而已。然則人類之認識力，固有不能超越之限界，懷疑派之主張，亦不得為無見。而獨斷派乃以認識力為萬能，是亦不能不謂之謬誤也。

夫吾人認識力之限界，其不可破也如此，然則吾人其姑退一步，以實現世界之高級正確自足。而所謂玄之又玄者，姑存而不論乎？抑以此玄之又玄者，尚有端倪之可尋。吾人不能以認識力之弱點自餒，而永與之馳騖於無窮乎？曰：是一聽吾人之自擇，而即非哲學者與哲學者之所由區別也。蓋哲學者，求知之謂，非已知之謂。苟其求知之願，本易饜足，則息足之點，隨在可得。彼所謂哲學焉者，初未嘗迫吾人以研求之也。惟其抱溥博淵泉之志願而已得之知識，無足以饜之者；則極深研幾之役，雖欲自阻而不能。吾人苟取哲學史而讀之，雖若一人一義，十人十義，紛如聚訟。而細尋其進化之脈絡，覺於繚曲往復之中，自有其奔赴正鵠之中線，足以見古今思想家之致力，決非徒勞。而亦必非淺見者之所能梗阻焉。

第三編　本體論

吾人既於認識論中略述能知之事，由是進而論所知之事，是謂本體論。本體論分爲二章：一曰通論，統現實世界而爲之，求其所自出者也。二曰本論，即其所自出之本體，而究其實在及性質者也。

本體通論

吾人較爲正確之認識，以經驗世界爲限，由是而進於不可經驗之本體，即不免涉於玄學之假定義。此認識論所證明也。然此經驗界者，必不失爲本體之一方面，故哲學家中有欲組織一根據經驗不涉玄學之世界觀者，以爲科學所研究，爲各部分之關係，若統各部分之互相關係而組成完全之系統，是即經驗世界之本體，而哲學家所有事也。

循此趨向而進行者，謂之積極哲學（亦謂之實驗哲學）。其間有種種問題。曰：「一切無機物，皆爲一種機動之分子或原子所構成者乎？一切物體，

廣告回信
臺灣北區郵政管理局登記證
北台字第 1753 號
免貼郵票

106-70

台北市大安區和平東路二段339號4樓

五南圖書出版股份有限公司

姓名：

縣市　鄉鎮市區　路街　段　巷　弄　號　樓

□□□

□新讀者　□老讀者

「五南圖書」讀者回函卡

感謝您購買五南圖書的書籍，為了提供您更好的服務，請您費心填寫以下資料，即可成為貴賓讀者，享有書訊服務與優惠禮遇。

姓名：　□男 □女　生日：　年　月　日

E-Mail：

學歷：□國中（含以下）□高中．職 □大學．大專 □研究所以上

職業：□學生 □生產．製造 □金融．商業 □傳播．廣告

□軍人．公務 □教育．文化 □旅遊．運輸 □醫藥．保健

□仲介．服務 □自由．家管 □其他

電話：______________（手機）______________ 傳真 ______________

◆購買書名：

◆您如何購得本書：□網路書店 □郵購 □書店　縣（市）　書店

□業務員推銷 □其他

◆您從何處知道本書：□書店 □網路及電子報 □五南書訊 □廣告DM

□媒體新聞介紹 □親友介紹 □業務員推銷 □其他

◆您通常以何種方式購書（可複選）：

□逛書店 □郵購 □信用卡傳真 □網路 □其他

您對本書的評價（請填代號 1.非常滿意 2.滿意 3.尚可 4.待改進）：

□定價 □內容 □版面編排 □印刷 □整體評價

您的閱讀習慣：□百科 □圖鑑 □文學 □藝術 □歷史 □傳記

□地理、地圖 □建築 □戲劇舞蹈 □民俗采風

□社會科學 □自然科學 □宗教哲學 □休閒旅遊

□生活品味 □其他

請推薦親友，共同加入我們的讀書計畫：

姓名______________ 地址______________________________

姓名______________ 地址______________________________

您對本書或本公司的建議：______________________________

____

____

劃撥帳號 01068953　戶名：五南圖書出版股份有限公司

電話：（02）2705-5066　傳真：（02）2709-4875

網址：http://www.wunan.com.tw/　讀者服務信箱：wunan@wunan.com.tw

皆由其積力之交易而組成秩序乎？」曰：「一切有機物，果皆循天演之例，由其原子之機動，與夫積力之交易，而歸宿於優勝劣敗之點乎？」曰：「情感意志及思想果出自一種之原素乎。情感及意志，果同一原素；而特以動作之強弱及久暫爲別乎？意志及思想，果爲一種意識之變化乎？」曰：「物理界與心理界之關係，循何種原則乎？將謂種種意識均不外乎物質之作用乎？抑意志及感情有然，而理想獨不然乎？」曰：「一切經驗界之積力，皆可以計量，而積力交易之定例，普通適用乎？抑心理界之積力，非可以計量；而所謂物理界之公例，不能適用於心理界乎？」此皆今之積極哲學家所孜孜研求者也。

然而有種種問題，爲此派哲學所屏斥不道者。曰：「物理界及心理界，果以物質爲原本乎？抑以動力爲原本乎？而所謂物質若動力者，果何由而發生乎？」曰：「於物理界與心理界互相對待以外，尚有與此物理心理統一之世界相對待者乎？於吾人所能感覺之動力以外，尚有一種極微之動作，與吾人以不可經驗之激刺者乎？」曰：「此世界之全體，果爲神之著作，而人類之心靈，果不死者乎？」如此類者，皆積極哲學家所存而不論者也。然而自昔之哲學家，恆不以積極哲學之世界觀爲饜足。於是進而爲玄學之本體論。其所研求之對象，曰：「何者爲世界最後之原素？」曰：「何者爲萬有之統紀？」常爲實質論與觀念論殊別之點。至其他問題，如曰：「世界最後之原素，循何等最高之法則而運動。」曰：「原素及法則之所自出，或兩者之所歸宿，所謂最高之統一者。其實體及性質果如何乎？」則皆有一部分焉，與兩派之聚訟無關也。

夫實質論與觀念論之區別，果何在乎？曰：「以世界爲不外乎吾人之意識，而不於意識以外別爲一種實質世界之相象者，謂之純正觀念論，以意識以外，別有一種實質，爲物理界心理界之各各現象所自出者，謂之純正實質論；若乃所承認之本體及種類及性質，不爲純粹之觀念若實質，而特爲一部分之偏勝者，則得謂之比較觀念論；若比較實質論。要之兩派之爭點，尤在對於物理世界一方面。而論其本體，在純正實質論，以爲物質之本體，即具有物理界之通性者。如聲色臭味溫寒及其展布於空間延長於時間之形式，皆是也。而比較實質論，則以爲物質之本體，僅具有空間時間之形式，而其他感覺中之現象，則由物質本體之運動，而表示其性情於主觀之意識者。純正觀念論，對於客觀本體之說，以物質本體爲與感覺爲交互之概念者，一切反對之。比較觀念論，則爲物質自有本體，以其通性與感官中之現象相應，惟空間之形式，與情感之原素，則非其所具，而爲吾人主觀所結構。或發於一種不可知之天性云」。

關於此等差別之點，其最要之關鍵，有一問題焉；即所謂現實世界最後之一點，物質乎？心靈乎？此固實質論與觀念論之權衡，而尤於物理界一方面爲有直接之關係也。夫如何而後有實在之物質，如何而後可以建立唯物論之哲學。不可不先有一假定義，即凡展布於空間之物體，皆能無關於意識而獨立，是也。蓋必如是而後實現世界，有一部分焉，不關於意識；然亦僅僅一部分而已。

觀念論之假定義，謂感覺者不必再有所由出之對象。即曰有之，亦求之心理界而已足。蓋如所謂物質者，使謂其別有本原，而並非出自感覺，則所謂物質之實體，將無自而存想。且吾人苟不於感覺中求得物質之原本，則觀念論之世界觀，將無餘地以容物質也。是則世界之造端於心靈，在觀念論實爲必然之思索也。而實質論則反是，彼其所最直接著，自爲唯物論。而要非其必然之思索，蓋即使空間也，運動也，物體也，果皆爲常存者。而常存者不必以此爲限，不必無餘地以容心靈也。是以實質論得有四式：1.以物質爲實在，而爲心靈所自出者，是謂唯物論。2.心靈以爲實在，而爲物質所自出者，謂之實質惟識論。3.以物質與心靈爲並存而不悖者，是爲二元論。4.以物質與心靈爲同出於其他最後之實質老，是爲一元論。

唯物論

唯物論者，以世界全體爲原本於一種原子之性質及作用及閱歷。而此原子者，即無生活無性靈之質料，而位置於空間及時間之範圍者也。此等原子之數及量，或以爲無窮；或以爲原子者，含有無意識之勢力，如電加熱如化學中之化合力；要之皆不失爲唯物論之原子也。彼不但以無機物爲構自此種原子，即在有機物亦然，而對於有機物之心靈，則或以爲一種精細之原質，如呼吸然。或以爲一種最滑最輕之原質，或以爲物質之性情，或以爲物質之作用，或以爲物質之效果，其最簡單而明瞭者，爲近世唯物論家嘉里拉之言。曰：「腎能泌溺，肝能洩汁，腦之能爲思想也。亦若是則已矣。」

此派最著之理論，謂即經驗界言之。心靈之作用，無不關係於體魄，而體魄之存在，則可無俟乎心靈。例如無機物之全部，求其所謂心靈者而不可得，而體魄則素具之；至於有機物之高等者，始有所謂心靈而未有不具體魄者，是知心靈必寄於腦部。而非腦部之有待於心靈。是以腦部較大而較精者，其心靈亦必與之俱大而俱精。又如其腦部之重量，較大而襞積較多。則其心靈之作用必較爲進步。腦部或受損害，則心靈亦爲之改變。此等關係，不特今日然，即推之無窮之已往無窮之將來，而亦無不然。然則物質者，固有獨立存在之資格；而所謂心靈者，不且爲物質之所產生耶？

實質惟識論

與唯物論爲最近之對待者，爲實質惟識論。惟識之義，本近於觀念論。惟其以心靈爲實質，與唯物論之以物質爲實質者相等。故不出實質派之範圍。彼以物質爲心靈之所產，而心靈之原素，則爲一種無意識之原子所構成。其說之成立，乃較對待之唯物論爲較難。何則？唯物論之說，物質一方面，得之證驗；其所待推斷者，唯心靈一方面耳；至實質惟識論，則於物質心靈兩方面，皆不能不用推斷法也。雖然，爲實質論者，既不能使物體獨立於感覺以外，又不能遁出於自覺意識之範圍。則所謂實質惟識論者，猶當視唯物論爲進步焉。

二元論

鑒於唯物惟識之各有困難，而折衷其間，則有二元論。以爲物質與心靈，自無始以來，即爲互相對待之分子。既非由甲生乙，亦非因乙得甲。而特爲至密之接近，在無機物界，僅見有物質而已。及其進化而及於一階級，則心靈始參入其間。而與體質且互相影響。感覺者，物質之影響於心靈者也。如光線觸視神經而見有光，聲浪達耳神經而聞爲聲，是也。意志者，心靈之影響於物質者也，如內斷於心而百體從令，是也。

在唯物惟識兩論，於相生之點。不能不用假定義，得二元論而兩者一循其固有之狀態；可謂較易簡之說明矣。然猶有指摘其缺點者，一則由人類而逆溯之，自動物而植物而無機物，在進化史中爲天然之層次。乃所謂心靈者，於太始既不可見，而忽焉發見於中等之中，何說以處之。二則二元並立，不足以饜趨向統一之要求，是也。

一元論

鑒於二元論文缺點，而進一步，則有一元論。以爲物質與心靈，均非最高之本體，而爲最高本體之兩方面。加一紙之有表裡然，故兩者不必互相生，而亦不能互相離。生理心理之間，不復爲互相影響之關係，而直爲共同操作之狀態。兩者皆並行而不悖焉。

雖然，如其說，則所謂最高本體者，非物質，非心靈；而亦物質，亦心靈。其狀態果如何者，雖大勇之理想家，亦無以形容之。蓋吾人所能意識者，不外乎附麗於空間之物體，及超軼乎空間之心靈，若曰不離乎此兩者而又不域於此兩者，則非吾人之所能存想。而僅爲空空之名號已耳。然在實質論中，求其於現實世界爲最簡單之說明，而又有以副統一之要求，則不得不推此說爲優勝矣。吾人於是進而述觀念論。夫使吾人感覺界中，並未有不含心靈之物質則所謂觀念論者，殆不難於一致。今也自一人而推之於人人，自人類而推之以至於無機物，既有種種差別之現象，往來於意識中，於是持觀念論者，隨所見之廣狹，而所持主義，亦不免有差別之種類及數量焉。

我識論

觀念論者，以心靈爲世界本體之原素者也。而其主義之進化，乃爲點狀之進行，而發端則始於一點。故第一形式爲我識論。我識論者，言世界本體，不外乎我之意識；我之意識，有情狀，有內容，有動作。有附麗於空間者，有超軼乎空間者，是即世界之本體，而爲萬有所發生也。求之認識論，惟吾人意識中固有之情狀，不待玄學定假定義，而自有正確之判斷。其根玄學假定義以證明實體者，率不過懸揣之理論。然則可許爲實在者，又豈有外於我之意識乎？我之感覺，我之情感，我之意志之進行，實在者也。何者爲我？曰：或指意識中各各之情狀，常有一我之情感與人相關聯者言之；或以各各情狀常互爲有法之關繫之總體而以我名之。彼以爲我之感覺以外，無所謂物體。我之情感意志及思想以外，無所謂心靈。例如有一語焉。曰：「柏拉圖著政治論」。是不外乎我之意識中，有一種人格之感覺；如所謂柏拉圖者，有一種美術教育政治道德等種種理論之感覺。如所謂柏拉圖之政治論者，又有一種以如是人格著如是理論之感覺；加所謂柏拉圖著政治論者，又豈有外於我之意識者乎？

是說也，既無自相矛盾之點，於經驗界亦無所謂牴牾，而以一元說明萬有之本原，亦不可謂非簡易也。雖然，有一問題焉，爲是說所不能解決者，即我之意識以外，尚有其他之意識，是也。夫吾人意識中，既有我身之感覺及其表示，而又有非我者之感覺及其表示，固常爲類似之種類及數量者也。然我身之感覺，常有我之情感意志及思想與之相應，而非我者之感覺，爲吾意識中所有者其與是相應之情感意志及思想之情狀，既非我所能直接而經驗，則亦無自而判斷之。夫吾人決不能謂惟我身之感覺及其表示，與內界之情狀有關，而非我者之感覺及其表示則否。如我之笑由於快感，而非我者之笑則否；我之哭由於悲感，而非我者之哭則否；我之撫掌，由於有所贊成；我之搖首，由於有所反對。而非我者之撫掌及搖首則否。然則我識論之範圍，不能不破。而我之意識以外，不能不有非我者之我，乃並我之所謂我而亦意識之者也。

我識論既不足以饜人意，於是我識而進於多識。我之感覺，爲空間及聲色臭味等所組織，而空間及聲色臭味等，亦得組織而爲他人之感覺。我有感覺而種種心靈之動作，若情感、若意志、若思想，皆與之相應；則因他人同有感覺，而推如其種種心靈之動作，亦無不與之相應也。且不惟人類而已，彼動物之有感覺，及其他心理作用，既爲吾人所共見，則其意識也，猶人類也。不惟動物而已，一切植物，與動物同爲有機，而其吸收食料，體合氣候，或迎光而移，或觸癢而振，與動物之心理作用，殆無以異也。然則植物固非無意識者。

不惟植物而已，推而至於無機物，亦各有分子之運動，外力之攝距，磁電之交通，與有機物之所謂心理作用，殆亦無略也。然則無機物亦不得謂之無意識者。至於吾人認有無機物之意識，則又由多識而進於凡識矣，於是有凡識論。

凡識論

凡識論，以萬有各爲實體，雖推之野馬塵埃之微，苟可以入吾人感覺界者，即無不各有其心靈。唯心靈之能力，不能不認爲有階級之差別；例如下等動物，即其最簡單之官能而推測之，其所得之印象，不能不暗昧。而其所窺之外界，不能不隘薄。至於植物，恐未必有外界之印象。而無機物尤然。其所謂意識者，不過混混沌沌之內界而已。

至於高等動物及人類，則其意識界，能以心理界之情狀，陶鑄物理界之情狀。例如甲乙二人，同見一几一書，此非徒由無識之「以太」，於無識之空間，介紹無識之物體，以成爲印象也。乃皆受心理之作用，而併一几一書及一一「以太」，無不成為心靈之關係焉。凡識論者，既具我識論之所長，而又於心理界之經驗，無不一以貫之，彼於物理心理兩界之現象，既不若二元論之任其互相對待，又不若唯物論及實質惟識論之強名為相生，而又不若一元論之於二元以上空設一統一之名號，誠理論之最明通者矣。

雖然，猶有未解決之問題焉，即自一方面觀之，自人類以推至於拳石，層次井然，互相銜接，不能不認為自然界首尾完具之全體。於是隨舉一物，均不能不認為全體中之一分子，而謂其各有相當之意識。然自一方面觀之，既以一心理界屬於一物體矣。而又謂其他物體，不存於前一物體之印象，而各有其一心理界，則又吾人心理所未易承認者也。

然則凡識論者，亦未敢遽認為完全之理論。惟使吾人於各派中，以缺點較少為選擇之標準，則不得不推凡識論焉。自我識論以至凡識論，皆以心靈之數量言之。然則其所謂心靈者，果為何等性質乎？自昔說心靈之性質者，有兩說焉：固定說及動力說是。固定說者，以心靈為一種凝靜之體。而一切心理之作用，如情感如意志如思想等，則為其各方面變易之性質若作用也。動力說者，以心靈爲一種流動之勢力，而一切心理之情狀，即其自成系統之動作也。

夫以心理作用之複雜而遷流，而謂其出於一凝靜之體，幾非吾人所能想像；且按諸吾人之經驗，心理界實無一非流動之狀。例如即一俄頃間之思想，而求其變遷之所自，自甲而乙，自乙而丙，直不知其所屆，於以知動力說之優於固定說也。

至於心靈最後之元素，則往昔哲學家多主智力論，自叔本華主張意志論，而近世哲學家多從之。

蓋意志者，吾人最後之元素。而情感者，常爲表示意志之朕兆。至於知識，則爲一種達意志所赴之的之作用也。以生物學證之，高等動物，及未開化之人類，其意志力早已發展，而知識之程度甚淺，吾人幼稚之年亦然。證之植物，其體合生理之作用，不得不認爲意志之良能，而未可謂之知識。至於地之繞日，月之繞地，以意志說之易瞭，而以知識說之則難通。此皆意志論優於智力論之證據也。

世界全體之實在及性質

世界最後之元素，既如前章所述，然則此等元素所組成之全體，果爲何等情狀乎？是即易之所謂太極，老莊之所謂道，而西洋哲學家則謂之神。神之爲義，包含至廣。未開化之民族，以貧賤之人格當之；希臘舊教，以活潑美好之人格當之；在猶太教，爲創造萬物之主；在基督教，爲三位一體之義，在斯賓諾賽，則以爲非人格者而爲萬有之原因；在費西脫以爲世界秩序之準乎道德者；在海該爾，以爲太極之理性；在叔本華，則又以爲無理解之第一意志。凡此種種差別之意義，舍神字則無以兼容而並包之。（我國古語中，求其含玄學本義，而又兼人格與非人格二義者，亦惟神字）。吾人既假名世界全體爲神，則對於神之研究者，果有何等宗派乎？約而舉之，有三：即無神論、有神論及凡神論是也。

無神論

無神論者，僅以各各原子爲實體，而無所謂全體之觀念者也。夫無論最後之元子爲物質，爲意識，或爲物識二元，或爲超軼物識之一元，既已假定爲實在，則元子與元子之間，不能不互相關係；既互相關係矣，即不能無最後之總關係。且既有互相關係之規則，即不能無統一之總規則。此在吾人意識中，不能不相因而至者。今曰：吾人所研求者至元子而止，至元子間之互相關係而止。其餘非所問也。此必非吾人所能堪也。

有神論

與無神論對待者，爲有神論。有神論者，謂世界以外，別有所謂神，而神即世界所從出也。於是以神爲原因，而世界爲其效果。雖然，果必有因，固也。而因亦有因，神爲世界之原因，而獨立於世界以外。然則神之原因果何在乎？說者曰：神者，自因自果者也。然則此世界者，亦何不可認爲自因自果？而必別立一世界以外之神乎？

凡神論

於是有最簡易之說，曰凡神論。以爲神者，不在世界以外，而爲世界最深最先之原泉。又即爲其最高最後之鵠的；世界萬有與神之關係，猶算學中合若干數而得一總數，猶化學中之合數原質而成一新物體也。而凡神論亦有二別：

其一，以神爲包舉全世界而無窮者。神之於萬有，猶吾人軀體，人於各各細胞也；如是，則其所包舉之世界，不惟現在，而且亙於已往及將來。然將來之世界，何以爲現在之神所包舉，將無貫徹終始之神，轉而爲與時進化之義，而萬有與神之關係，乃若嬰兒之於慈母，及一時期而爲獨立之發展耶？

且也，爲此說者，不僅出於思索，而實本於經驗。蓋經驗界，凡物之集合，由卑而高。例如物理界之吸集，化學界之化合，如植物動物及人類之爲有機體，又如家庭民族國家等種種之團體，是皆不特以分子隸屬於團體；而又以較簡較卑之團體，隸屬於較複較高之團體，而爲其分子。然則由是而進步。其統萬有而爲一最高之團體，而其中分子，自無機物以至於人類，各循其固有之性質，而輻輳於其中。宜若可推而知之。雖然，吾人由今之世界，而推想其進步之狀況，謂他日當有一種超越人類之動物，其與人類之比例，猶今人之於動物然，於是其所構造之社會，亦較今之社會爲較高，且由是而達於最高之一境，固未爲不可，而以經驗界之事實推之，則有不敢質言者。何則？使此大地之溫度，以漸而降，而至於極寒，恐昔之由無機物而進化以至於人類者，他日即有較高之進步，而終不免有退步之一日，且由是而退至無機世界之一日也。且日體亦不能無熱度漸減而達於毀滅之一日。如是，則又將別成一新世界。而所謂新世界者，亦有成必有毀，有進化必有退化。而所謂世運者，惟終古流轉於高下循環之中，而所謂最高之統一，其又奚從而經驗之耶？

於是有第二派之凡神論，謂神者，非包舉世界之謂，亦非世界進化極度之謂，而永永爲萬有根原之謂。神者，非萬有之圜周線，而萬有之中心點也。是說也，又有以其說之涉於懭恍而短之者，於以見吾人之知見。到此時期，對於神與世界之關係，所以說明之者愈益精深，則愈滋疑竇。有如是者！

第四編　價值論

哲學者，知識之學也。其接近於實行者，爲價値論。價値論者，舉世間一切價値而評其最後之總關係者也。其歸宿之點在道德，而宗教思想與美學觀念亦隸之。

價値通論

何謂價値？不外乎於意識中懸一種之鵠的，而欲有以達之。事務之與意志及情感無關者，即無所謂價値。例如千金之劵，謂之有價値者，以其可以購種種可愛之物也。苟某人既不愛錢，亦不購物，則雖有千金之劵，與廢紙無異。何則？其所有者，形耳，色耳，重量耳。玄學中所謂物質原素或所謂心靈原素之集合體耳，而其所以構成價値之原素則已失之；又如謂某甲有價値者，亦謂其人有利物之道德心，而爲他人所利用耳。苟舉其利物之道德心而去之，則雖形體猶是，能力猶是，而其對於他人之價値已不復存。然則事物之價値，無不由主觀之意志而發生，明也。

價值之互相關係亦然，例如吾人求一身之康強，則不可不宜其飲食，時其起居。身之康強，果也。飲食起居之宜與時，因也。求其果不可不先求其因，是果爲鵠的而因爲作用，果爲最高之價值而因爲較卑之價值也。又如吾人或同時有兩種鵠的，而二者不可得兼，不能不舍一而取一，於是意識中有競爭。兩者之間，有久暫或強弱之殊，而勝負由是決焉。孟子曰：「魚我所欲，熊掌亦我所欲，二者不可得兼，舍魚而取熊掌。生我所欲，義亦我所欲，二者不可得兼，舍生而取義」。是即同有價值之事物，而因其高卑之比較以定取舍者也。雖然，人之所見，不必盡同，有在此見爲鵠的，而在彼見爲作用者。有在此見爲作用，而在彼見爲鵠的者。有在此爲所取，而在彼爲所舍者。有在此爲所舍，而在彼爲所取者。故價值高卑之比較，不僅在客觀，而尤在主觀。

以上皆爲相對之價值言之也。如問一切價值以上，果有絕對之價值，不受一切主觀之影響，而於人人爲同等者乎？曰：宜若有之。雖然，其確定之內容，則未有能質言之者，昔之哲學家，蓋嘗試之矣。曰：人類最終之鵠的，在快樂。曰：在幸福。曰：在生存。曰：在威權。此四說者，非不各持之有故而言之成理也！然而其所以判斷之者，乃據大多數人之行爲而求其效果之所在。故曰：在是在是。非自各人價值之意識中，實得有普通之證明也。墨翟之教，生勤而死薄。使人憂，使人悲，使後世墨者日夜不休，以自苦爲極。果認有快樂之價值乎？豫讓爲智伯復讎，至於漆身呑炭，戴就爲成公浮辨誣，雖被幽囚拷掠，五毒備至而不變。果認有幸福之價值乎？士可殺而不可辱，志士仁人，無求生以害仁，有殺身以成仁。果認有生存之價值乎？儒家者流，有若無，實若虛，犯而不校。道家之言曰：柔弱剛強。果認有威權之價值乎？然則茲四說也，亦僅爲思想家所假定之心理而已。

且也，吾人即使最後之鵠的，假定爲大同。而所以達之之道，亦復不能一致。如同一求快樂也。或曰：「與年少輩數十騎，射麋數肋，渴飲其血，飢食其胃，此樂使人忘死。」或曰：「飯疏食，曲肱而枕之，樂亦在其中。」同一求威權也。或曰：「仕宦當爲執金吾，」或則縱觀皇帝曰：「大丈夫當如是也。」或則曰：「士貴耳，王者不貴。」或則曰：「匹夫而爲百世師，一言而爲天下法。」其他求幸福求生存之道，各各不同，亦復類是。然則不特最高之價値也，即以次遞降之價値，亦豈易爲定評與。

客觀界價値之總綱，其無定評也如此。其在主觀則何如乎？夫主觀界之價値，即意識中各種欲望之競爭，優勝而劣敗。其最優者占最高之價値是已，其優劣之標準，不外乎兩種形式：一、人類以外之主宰者，如宗教家所謂上帝十戒是。二、吾人良心之命令，即所謂道德之意志，是也。惟是上帝十戒，非科學所能承認。即曰有之，亦有待於良心之認可。則主觀界價値之標準，不外乎良心之命令也。夫所謂良心之命令者，非人人意識中皆昭然若揭日月而行也。有於欲念紛乘之中，僅矐然露一線之光者。能把握之以淩駕其他副貳之意識，則認識始能明瞭。一而再，再而三，以至於什百。於是習慣成自然，而不知不覺之間，所然所否，自然脗合於良心之命令。而無所容其勉強，此良心進化之歷史，普通人所公認也。然一叩以何者爲一切良心之所同然？而何者爲其所同否？則因種族地域時會之不同，而所認者不能一致。例如或以復讐爲第一義，而或主以德報怨，或以方嚴爲美德，而或主柔和之屬，是也。

於是價值論之研究，所可認爲普遍者，惟有形式。在客觀界，以最後鵠的爲最高價值。而其他達此鵠的之作用，則視其遠近於大鵠的以爲差；在主觀界，則良心之命令，由有意識而進於無意識，是也。至其內容，則今日尙爲一研究之問題，而未能質言之。

道德

價值論之實現者，爲道德論。夫道德界中所謂最高之價值者，果何在乎？自昔治道德哲學者，不外二法：一演繹法。假定一最後之鵠的，爲最高之價值，乃據以標準各種之行爲，以其有無關係於最高鵠的，爲有無價值之判斷；又以其關係於最高鵠的之遠近，爲價值高卑之差，是也。一曰歸納法。先由普通人對於各種行爲之判斷，而求其理由，以爲各各之鵠的。乃由此等各各鵠的，而求其最後之理由，以爲最大之鵠的；是也。夫歸納法之視演繹法爲切實，自不待言。然吾人之經驗，既有制限，則所歸納者無自而完全。而其最之結論，亦仍不外乎假定。然則道德哲學所證明爲最後之鵠的者，皆假定義也。而循其進化之序以言之，則略有三種：一曰：屬於小己者。二曰：屬於社會者。三曰：屬於人道主義者。

屬於小己之鵠的，其始曰自存，謂一切行爲，皆以有裨於小己之生存者，爲有價值也。然僅僅生存而已，一切困苦顛連之境，有非人類所能堪者。於是謂行爲之價值，不徒在謀小己之生存，而尤在圖其幸福；幸福者，不惟在體魄之享受，而尤在精神之快樂，是爲自利。雖然，僅僅謀現在之所謂幸福，而未達於具足之生活，猶以爲未足；於是謀體魄及精神之進步，以求達於具足生活之境，是謂自成。凡是等屬於小己之鵠的，在道德哲學家之判斷，有認爲最高之價值，而排斥一切利物之行爲者。如梭斐斯替克及尼采等，專以我之小己爲鵠的者，世多以不道德之主義目之。有借是以說明利物主義之緣起者，謂人己之關係，互爲因果。非利物不能達利己之鵠的，一也。謂小己皆有同情之感，非利物則小己精神之快樂爲之不完，二也。於是其所謂價值者，雖不以我之小己爲限。而既發端於小己之鵠的，則其所謂利物者，亦不能不以人人之小己爲對象，固無疑矣。

夫使我之小己，不足以爲最後之鵠的。則他人之小己，何獨不然？且也，使一一小己，不足爲最高之價值。則雖積大多數之小己，而其不足爲最高之價值如故。例如數學中，積大多數之〇，其價值不能大於一〇也。然則此類之利物論者，仍不能不以我之小己之價值爲前提，而其利物論，乃不過利己論之擴充者耳！

純粹之利物主義，則以利物主義爲本於天性。初非由利己主義而演出，於是有擯斥利己主義，謂絕無道德之價值者，如叔本華是也。然多數之利物論者，則多調和於己物之間。以爲小己之幸福，即在社會幸福之中。初不必特揭爲鵠的。又如有一事焉，物我之幸福互相衝突，則恆以舍我爲人者爲道德。蓋利物論之道德，常兼主觀客觀兩條件而規定之。在主觀界衡以人格之特性。如貧者因不忍其鄰之凍餒而推食解衣以濟之，視富人之捐助巨金，爲較占道德之價值，是也。其在客觀界，則視其行爲之效果，所及愈廣，則價值愈高，是也。

屬於社會之價值，亦得別爲公眾之幸福及公眾之進化二者。而二者又互相爲關係。蓋社會之狀態，莫不幸於停滯而不進，而文化之進步，即普遍之幸福所由增殖也。故社會之作用，不外乎懸一幸福之鵠的，而以其集合之意志，趨此唯一之方向，而悉力以達之。幸福之範圍愈推廣，小己意志同化於公共意志之意識愈明瞭，則道德界之價值愈高。惟小己之幸福，非必絕對犧牲之。或有附屬之價值，或具作用之價值。其保存之之範圍，亦愈廣而愈善，特不以爲最後之鵠的，如利己主義云耳；大抵社會之範圍愈大，則其全體之意志，顧慮所及，益益超過於小己之外。其究也，至有索其與小己幸福之關係而無說明者。例如家庭者，最小之社會也，與小己之關係，至爲密切。然吾人所以爲子孫幸福計者，雖至明瞭，而曾玄以降，即不免漠然。其他較大之社會，所規畫者，不僅在吾人生存時期或對來之一二世而止；社會之中，較爲規畫遠大者，在今世莫如國家。國家者，常得超現在而計對來，爲將來之國家計，雖犧牲現在國民多數之權利以經營之，亦所不惜，此吾人所公認也。即吾人之感情，亦常以是爲比例。有一消息也，謂吾人之子孫，數傳以後，將受若何之災厄，雖其說至確，而所以激刺吾人者，恆不甚劇。若曰：一二百年後，吾人之國家，將即於危亡，則不能不爲之戰慄。故國家之計畫，常在數百年以外，然使遠而又遠，爲之謀數千載之生存，則將以漸而入於悄怳迷離之境。然則社會之生命，在吾人意識中，仍不能不有制限也。

然則吾人所超越小己之鵠的而嬗於社會者，以爲小己之意識，局於一時，不若社會之久遠，以社會爲道德行爲之鵠的，而吾人行爲之效果，乃不至俄焉消滅焉。雖然，社會之意識，亦不能不有界域，則道德行爲之效果，仍不能不有一種消滅時期之意識。此又非吾人所能滿意也。於是進而爲人道主義之鵠的。人道主義之狹義，爲人類全體，其廣義則以凡識論爲標準。自動物而植物以至於無機物，凡認爲有識者，皆有相關之休戚。如是，則一切小己，雖推之無涯之遠，無窮之久，而無不包括於此主義之中。吾人道德之行爲，以是爲鵠的，則庶乎所致力者，永永無消歇之顧慮矣。雖然，此主義者，吾人尚止能以情感迎合之，而不能以概念把握之，於是吾人所注定之鵠的，仍不過較近於最後鵠的之作用，而尚非最後之大鵠的也。

夫以無涯無窮之久遠，而以其中至小至大之小己衡之，其猶滴水之在大海，尚何價值之可言。雖然，認有最大之鵠的，而躬行道德以赴之者，要不外乎各各之小己。然則小己者，以其主觀之幸福言之，無所謂價值。以其對於客觀之責任言之，則對於最大之鵠的，而自有一種相當之價值。吾人試以歷史證明之，其中賢者，其本體之幸福，及其同時人之幸福，至於今日，已成陳跡。而其致力於世界進化之事業，則與世長存。於以知自存自利之價值，皆不免隨歷史而消亡，惟自成主義，則與人道主義之鵠的，相爲關係焉。

夫人道主義，既爲全世界共同之關係，則所以達此鵠的者，不能不合全世界面共同經營之。惟是人類所具之道德心，與其所處之地位，常不能一致。稽之歷史，其注目於人道主義之鵠的，而直接盡其達此鵠的之義務者，常曠世而不一遇。而其他旨趣有遠近，能力有大小。其所成立，常爲間接之作用，而其有相當之價值。則一焉。

宗教思想

道德與宗教，有密切之關係。無論何種民族，當開化之始，其道德條件，恆隸屬於宗教之中。所謂道德律者，不外乎神之命令。何謂道德，神之所許故也。何謂不道德，神之所戒故也。而尤以敬神爲最高之道德。宗教家流傳之經典，非本於神，即本於神之代表，當爲唯一之信仰。不特不容反對，而亦無所容其疑議。

自人智進步，科學成立，凡宗教家世界創造天象示警諸說，既有以證明其不然，而研究道德學及宗教學者，既博稽於人類之異同，歷史之沿革，見夫道德之條件，往往因時地而不同。而宗教家恆各以其習慣爲神律，黨同伐異，甚至爲炮烙之刑。啓神聖之戰，大背其愛人如己之教義而不顧。於是宗教之信用，以漸減損。而思想之自由，又非復舊日宗教之所能遏抑。而反對宗教之端啓矣。

夫反對宗教者，僅反對其所含之劣點，抑並其根本思想而反對之乎？在反對者之意，固對於根本思想而發。雖然，宗教之根本思想，爲信仰心，吾人果能舉信仰心而絕對排斥之乎？反對宗教之主義，非即其信仰心之所屬乎？尼采者，近世之以反對宗教著，而昌言「神死」者也。其所主張之「意志趨於威權」說，非即其所信仰，而且望他人之信仰者乎？獨非尼采與其徒之宗教思想乎？

以宗教之歷史考之，其根本思想，初無所謂變遷。而其範圍，則不能不隨時而減縮。當其始也，舉一切天然之秩序，人事之規約，悉納於其中。及自然科學以漸發展，則凡宗教中假定之理論，關於自然界者，悉爲之摧敗，而一切可以割棄。又如政治教育之類，在文明之國，皆次第由宗教而脫離，而道德一門，素爲宗教之中堅者，亦得以倫理學研究之。苟歸納所得，差近於人心之所同然，即得假定爲道德之本義，而亦將無待乎宗教。過此以往，凡人事之附麗於宗教者，亦將次第割棄。而宗教之儀式，在今日已爲明哲之士所訴笑者，其被淘汰，益無待言。然則最後之宗教，其所含者，僅有玄學中最高之主旨，所謂超生死而絕經驗者，其研究一方面，謂之玄學。其信仰一方面，則謂之宗教云爾。

最初之宗教，範圍太廣，所含之神話及儀式及習俗，既隨地域及民族之不同，而不能相通。則宗教之派別，不能不繁。苟其有排棄雜因獨標眞諦之一日，則將漸趨於大同。夫多神教之領域，漸歸於一神教，事實已成。一神教之領域，漸趨於凡神教。在今日亦已見端。歐美通行之退阿索斐會，融合古今各大宗教之精義。而悉屏去其儀式，以文學美術之涵養，代舊教之祈禱，其諸將來宗教之疇範與？

美學觀念

美學觀念者，基本於快與不快之感。與科學之屬於知見，道德之發於意志者，相爲對待。科學在乎探究，故論理學之判斷，所以別眞僞。道德在乎執行，故倫理學之判斷。所以別善惡。美感在乎賞鑑，故美學之判斷，所以別美醜。是吾人意識發展之各方面也。人類開化之始，常以美術品爲巫祝之器具，或以供激情導欲之用。文化漸進，則擇其雅馴者，以爲教育。如我國唐虞之典樂，希臘之美育，是也。其紬繹純粹美感之眞相，發揮美學判斷之關係者，始於近世哲學家，而尤以康德爲最著。

康德立美感之界說，一曰超脫，謂全無利益之關係也。二曰普遍，謂人心所同然也。三曰有則，謂無鵠的之可指，而自有其赴的之作用也。四曰必然。謂人性所固有，而無待乎外鑠也。夫人類共同之鵠的，爲今日所堪公認者，不外乎人道主義，既如前節所述。而人道主義之最大阻力爲專己性，美感之超脫而普遍，則專己性之良藥也。且美感者，不獨對於妙麗之美而已。又有所謂剛大之美，感於至大，則計量之技無所施；感於至剛，則抵抗之力失其效。故賞鑑之始，幾若與美感相衝突。而心神領會，漸覺其不能計量，不能抵抗之小己，益小益弱，浸遁於意識之外。而所謂我相者，乃即此至大至剛之本體，於是乎有無量之快感焉。

康德之所以說美感者，大略如是。而其所主張者，爲純粹形式論。又以主觀之價值爲限。雖然，自美感進化之事實言之，其形式之漸進而複雜，常與內容相因。且準諸美術家之所創造，與審美者之所評鑒，則客觀之價值，亦有未容蔑視者。於是繼之而起者，爲隱性論及觀念論。隱性論者，以美學之對象，初無異於論理，特其程度較低。所謂理性者，尚不能構爲明晰之概念，而隱蔽於感觀界之直觀者也；觀念論者，以美學之內容，不外乎柏拉圖哲學之所謂觀念者也。夫論理之概念，固以直觀爲基本，而美感則即託體於直觀，而自爲複雜之進化。與概念爲對待，概念之於實物也。常分析其現象之分子而類比之。美感則舉其表象之全體而示現之，兩者互相爲補充，而決無先後階級之可言。至於以觀念說美學之對象，其義較隱性爲長。蓋所謂美術家者，常不在實物生活之模仿。而在以其生活表象攝入於創造者之觀念。故以觀念之義，應用於一切美感之對象，非不當也。而一涉柏拉圖之所謂觀念，則層遞而上，乃漸遠於具體之生活，而與美學之事實相違。故最近哲學家，又以具體想像限界之。具體想像者，本種種具體之生活，以行其想像之作用，而形爲觀念者也。具體生活之形式，最爲複雜，又常隨歷史而進化，以是爲美學觀念之內容，則於其複雜而進化之故，思過半矣。

且學者之說美學也，或歸之於感覺，或隸之於理論，或又納之於道德若宗教。非以此數者皆與美感結不解之緣故耶？夫美感既爲具體生活之表示，而所謂感覺論理道德宗教之屬，均占有生活內容之一部，則其錯綜於美感之內容，亦固其所。而美學觀念，初不以是而失其獨立之價值也。意志論之所詔示，吾人生活，實以道德爲中堅，而道德之究意，乃爲宗教思想。其進化之蹟，實皆參互於科學之概念。哲學之理想，概念也，理想也，皆毗於抽象者也。而美學觀念，以具體者濟之，使吾人意識中，有所謂寧靜之人生觀。而不至疲於奔命，是謂美學觀念唯一之價值。而所由與道德宗教，同爲價值論中重要之問題也。

譯語誌要

（以首字畫數爲序其首字畫數同者以其名詞第一次見於本書之先後爲序）

一畫

一元論 Monismus

二畫

人學 Anthropologie

二元論 Dualismus (Neutralismus)

三畫

凡識論 Panpsychismus (Allbeseclung)

凡神論 Pantheismus

四畫

方法之學 Methodenlehre

五畫

尼采 Nietzsche

玄學 Metaphysik

生物學 Biologie

本體論 Wirklichkeitsproblem

六畫

伏爾弗 Wolff

自然哲學 Naturphilosophie

宇宙論 Kosmologic

多識論 Polypsychismus (Vielbeseclung)

有神論 Theismus

七畫

貝耐克 Beneke

貝克來 Berkeley

克羅素 Krösus

沙拉斯替克 Scholastik

我識論 Monopsychismus (Theoretische Egoismus)

系統之學 Genetische Wissenschaft

八畫

拉布尼支 Leibniz

叔本華 Schopenhauer

波愛爾 Boyle

知識之學 Erkenntnislehre
法律哲學 Rechtsphilosophie
宗教哲學 Religionsphilosophie
固定說 Selbständig-Beharrliches
具體想像 Konkreten Phantasietätigkeit

九畫

柏拉圖 Plato
洛克 Locke
奈端 Nowton
郎革 Lange
律貫之學 Systematische Wissenschaft
美學 Aesthetik

十畫

海羅陀 Herodot
海該爾 Hegel
栗不斯 Lipps
特嘉爾 Descartes
原理之學 Prinzipienlehre
倫理學 Ethik
哲學史 Geschichte der Philosophie
退阿索斐 Theosophie

十一畫

梭倫 Solon
梭斐斯替克 Sophistik
康德 Kant
培根 Bacon
現象之學 Phänomeologische Wissenschaft
唯物論 Materialismus
動力說 Aktualitatstheorie

十二畫

斐羅索斐 Philosophie
雅里士多德爾 Aristoteles
費希脫 Fichte
斯賓儺賽 Spinoza
斯多噶 Stoiker
斯拉瑪海 Schleiermacher
疏證哲學 Aufklärungsphilosophie
智力論 Intellektualismus
無神論 Atheismus

十三畫

愛璧古爾 Epikureer
福爾泰 Voltaire

注釋

【1】此為音譯，即哲學之意。
【2】今譯為希羅多德。
【3】今譯為蘇格拉底，被稱之為哲學之父。
【4】今譯為亞里斯多德。
【5】今譯為馮德。
【6】今譯為費希特。
【7】今譯為笛卡兒。
【8】今譯為牛頓。
【9】今譯為斯賓諾莎。
【10】今譯為萊布尼茨。
【11】今譯為黑格爾。
【12】今譯為波以耳。
【13】今譯為伏爾泰。

哲學要領

哲學要領序

吾生也有涯，而知也無涯，此哲學所由起也。顧其思想，雖爲夫人之所有，而其義至費至隱，積世積智，尙不敢執以爲定論，惟於前後彼此之間，得準乎今世人智之度，以斷其偏正焉耳。彼其過渡時代之歷史，學說棼然。雖其中自有流派因緣之相係，而參互波折，斷章而求之，往往若冰炭不相容，初學者不得正宗之說以導之，將言唯物而詆純正哲學之蹈空，言唯心而嗤物質文明之爲幻，言有神而遂局古代宗教之範圍，言無神而又以一切宗教爲仇敵。門徑既誤，成見自封，知之進步，於焉窒矣。德國科培爾氏，任日本文科大學教授之職，約舉哲學之總念、及類別、及方法、及系統，以告學者，皆以最近哲學大家康德、黑智爾[1]、哈爾妥門諸家之言爲基本，非特唯心唯物兩派之折衷而已，其所言神祕狀態，實有見於哲學宗教同源之故，而於古代哲學，提要鉤元，又足示學者研究之法，誠斯學之門徑書也。特據日本下田次郎之所筆述而譯之，以餉有志哲學之士。譯者（蔡元培）識。

哲學要領緒言

余今者爲諸君講演哲學，余之所甚喜也。雖然，余不獲以祖國之語進，而借資於未熟之英語。恐不無不達不詳之憾。余當益致力於英語，以求詳達。而亦望諸君之留意於德語也。今世治哲學者，不可以不通德語。此非余德人之私言也。各國之專政哲學者，深諳德語者，無不云爾。其理有三：一、哲學之書，莫富於德文者。二、前世紀智度最高學派最久諸大家之思想，強半以德文記之。三、各國哲學家中，不束縛於宗教及政治之偏見，而一以純粹之眞理爲的者，莫如德國哲學。觀此三者。德語與哲學有此三關係亦已明矣。世人以英語爲世界溥通之語。誠然。然英語者，溥通於物質世界而已。精神世界，則今日當以德語爲溥通語。如數百年前之臘丁語[2]、千年前之希臘語也。各國文學家之傑作，每喜以最溥通之文明國語譯之。故吾國人幾有取資國語不待他求之風。夫哲學科學文學中至美至要之作，誠不能廢譯本。然譯筆雖至暢達，亦如書畫之臨摹。其神采必不能一律。國語猶人也。各有其特別之性質及狀態。諸君不聞臘丁語之格言乎。同一事也，而二人爲之則不同（Duoquum faciunt idem non est idem）。惟書亦然。且以譯本論，亦莫善於德文。其先若塞克毗亞[3]（Shakespeare）、若胥來革爾（Scklegel）。若臘丁及希臘之作者，德文譯本皆較英法譯本爲善。由文法縝密故也。諸君有志於哲學者也。盍於德語致意焉。

哲學之總念第一

余將爲諸君講歐洲哲學史，所以研究歐洲哲學界思想之進化及諸哲學家主義之異同也。雖然哲學者何謂耶？此不可不先決定者。此之不知而欲領會其歷史，此至難之事也。

哲學者，本於希臘語之「費羅索費」。費羅者愛也，索費者智也。合而言之，則愛智之義也。智者何耶？曰知識也，見眞理也。然則眞理者何謂耶？望雲而以爲山，見繩而以爲蛇，此余之知與物不相合者也；不得謂爲眞理。眞理者，知與物不可以不一致也。

眞理者，本本也，存存也。即物之實體之性質及組織，舉其在吾知覺中者言之也。無論吾知之不盡，及有誤。吾既知有實體，則亦吾之知眞理也。然而吾之研究，不可不進而益深，進而益遠。所謂哲學者，求何等之眞理耶？又如何研究耶？任指一物，皆得以見種種之眞理。誠以山論：山者，林耶？童耶？在何國耶？以何種岩石成耶？余盡知之，是亦知此山之實體也。然而此之知識，限於某山某山而已，不能合大地諸山而一貫之。是不可不更求大地諸山普通之屬性。是無他，若諸山之起原，若成形，若進化，是也。余盡知之，則能合大地諸山而言其數百萬年生成之原因。無一焉與是不合者，是謂山之定義。是謂山之眞理之原始也者。自山言之也，山之關係無有更先於此者。自吾人言之，則亦可謂山之眞理之要終。蓋研究所得之知識，以此爲最後也。是爲地質學之智，亦謂之科學之知識。凡各科學，無不資眞理之原始以應用於諸物質者。雖然，此之始終。即相對界言之，即一種客體而爲眞埋之原始而已。是不可不有合各種客體而原其大始者。眞理之大始，臘丁語謂之愛綏（Esse）、希臘語謂之阿那依（Eivai）、德語謂之大斯塞音（Das Sein），及大斯塞安得（Das Seiende），不外乎宇宙存在之原埋，而哲學者之所求也。哲學者，求知此原理，及其一切運動發現之公例。故謂之原理之科學（A Science of Principles）。

凡一現象之原理，決不存於其表面。如力之現象，其機械學動作之原理，不可見也。宇宙之原理，決不存於吾所見聞之世界。使其存焉，則爲此世界之一部，不得爲太極之原理。而此原理之原理，又不得不求之矣。是故宇宙之原理，必超乎物之質，物之有，而自爲形而上者。

形而上學之名，哲學書所常見也。此亦本希臘語之眉太費忌司。眉太者，後也。費忌司者，自然也。（自然即物質世界之義）合而言之，爲超然於自然及後即自然之義。夫今之費羅索費，正以形而上之原理爲的。則謂之形而上學無不可也。（原註費羅索費與眉太費忌司，其語原雖不同義，而西洋人哲學多同用之。故皆得譯爲哲學。然亦以眉太費忌司爲純正形而上學義。費羅索費爲哲學，實不如純正哲學之易瞭。）

自科學觀之，則哲學者科學原理之原理也。故爲科學之科學，亦謂之太極之科學。其所以太極者有三證焉：一、關於形。形者，自人間之知識，比較而得之。而哲學則包舉一切之知識者也。二、關於質。質者即萬有之現象而歸之於原質之所表示。然而此原質者，又不過一本質之所表示。哲學者所以發明此本質者也。三、關於知識之主體。對於客體而爲主體。此對待世界之言也。準於哲學之原理，則此主體者亦其本質所表示之機關而已，是故哲學爲太極之科學。

存在之本，可假借名之曰神（Divinity）。即人之思考若認識是也。然而其所思考、所認識者，亦不外乎神。神也者統哲學知識之客體及主體而言之。吾人論知識之序次，無論今昔，皆以爲始於自知。證之教授法而已明矣。世界諸物，無近於身。物之知識，大抵以間接得之，推身則可以直接知之。不此之知，而先鶩於物，未有能瞭者也。

自命爲哲學家，非必哲學家也。於其中有出類拔萃者，始足以當之，是實吾人之導師也。讀書亦然。最近出版之文學，若近頃科學哲學之演說，吾所不知，不足恥也。雖然，吾既治斯學矣。而於斯學大家永遠不朽之著作，及並世達者所發表新思想之著作，未之讀也，斯實不學之證也。夫人生有涯，而世界日出之書，必不能以盡讀。吾人誠不能不精擇之，世界文字之傑作，爲博學家歷史家所最重者。其於哲學家，不必同價。蓋博學家重記憶，而哲學家重理會也。現世哲學大家黑格兒曰：哲學史者，推長生不朽之義與之。洵哉！

吾今爲諸君舉哲學界最偉大人物。其著作，其主義，皆較之他哲學家而當加意研究者也。其人死已久矣，而實尚生。蓋後學之所發明，強半學之於其遺著。其人固終古不死，而後之學者，則由其津梁而生者也。

在古代希臘人中。若海勒西妥、若巴彌匿智、若畢達哥拉士[4]，若柏拉圖、若阿里士多德[5]；在中世若亞歷山德市神學長克里門士，若阿里額士、若奧加士田尼；在十六世紀，爲近世哲學開山者，若哥薩尼士、若伯魯那；近世哲學之代表，若英之男爵培根、法之特嘉爾[6]、荷蘭之斯賓椰沙[7]、德之里布尼士，及康德。康德以後之哲學，爲最新哲學。若費斯德、若薜令、若黑格兒，若旭賓海兒、若費耐兒、若羅錯；其特爲德國哲學之代表，而今日尚生存者，若哈脫門。此皆哲學界最偉大之人物。其著作不可不三致意焉。

此諸家之主義，吾當於授哲學史時詳言之。雖然，今者言哲學門徑，亦不外乎諸家主義之梗概而已。

研究哲學之故

哲學爲原始要終之知識。所以求世界太極無偶之原理。既爲諸君言之矣。

顧哲學何必研究耶？世人以研究物理學、化學、數學，不徒味其學理而已；又有以應實用，使人間養生之道日精。而業之者亦可因以致富。哲學則何爲耶？吾人不瞭於物之終始，及其關係，遂不能得幸福耶？欲知此不可知之事者，非狂耶？使有以此相詰者。余將告之曰：哲學實無裨於實用。無哲學者之幸福，固亦可勝於哲學者。以哲學爲狂，彼世界最大哲學家柏拉圖，曾受此名矣。雖然，狂者何耶？實利幸福者何義耶？此亦比較而得之。彼夫以溫飽爲最大幸福者，方且以科學若美術，爲疲精勞神，無與實際。此其自域於動物世界。非吾儕所指爲顚愚者耶！苟非其人，則或讀佳詩焉，或玩美術焉，或研究動物之進化焉。方其爲之，豈以其飢不可食，寒不可衣，而謂之無實利哉？彼其所得無形之實利，可爲知者道，難與俗人言也。彼夫哲學者，有求而不得，有闕而未潵，其痛苦乃甚於飢渴。則其窮無窮，極無極，與日競走而不知止者。夫何足怪！如其不然，乃可怪耳。人者，非如動物之有感覺而已，有思慮者也。故向謂之哲學之動物（Anima Metaphysieum）。彼動物之在世界也，日與外界神祕之境相對，而不之感也。且亦不自覺其爲神祕之一種而感之。至於人而始有感。驚駭焉，歎美焉。此昔之柏拉圖、阿里士多德及中世之特嘉爾，近世之旭賓海爾，所呼爲哲學之感動者莫致莫爲，使吾人決不能以不解解之，而務有以求其神祕之所以然，於是科學哲學起焉。科學者，所以解析自然界各有限之神祕，而哲學則舉世界無限之神祕而解析之，且由是而演釋之於各有限之神祕者也。

哲學者，驚駭之所生也。世稱惟神全智，全智者了然於物之終始，無一可驚駭者。而大愚者亦然，彼固漠無所感也。人者，智不如神，愚不如動物，於是乎有驚駭，由是由推求焉，反省焉，是以有哲學。吾人直不求而自爲之雖欲不爲之而不能，是爲吾人之特性，所以異於禽獸者，是可以人類之歷史證之。無論何地既爲人類，無不有宗教思想。宗教者無意識之哲學也，哲學自宗教始，而又得謂之以宗教終。蓋哲學者，莫不歸宿於宗教問題，否則以他問題涵之，善乎康德之言曰：神及他界者（他界謂未來世界），吾人哲學思想唯一之對象也。使神及他界之觀念，不範圍於道德，斯亦不足觀矣。是知吾人一切原始要終之疑問，終歸宿於生死之問題；生死之問題解，而哲學之目的達矣。

哲學之類別第二

哲學之問題，辜較言之，可界爲二：物界及心界，是也。今試仿算學之例，而命所不可知者爲天，則物界哲學，專以物質世界之現象爲基本，而藉以求其所涵之天，及與天有關係者；心界哲學，則專以精神世界之運動爲基本而求之。然二界之分，不爲典要。物也心也。其所涵之複雜，非可以片語定之。哲學家嘗有自然科學之各部，而建設爲哲學，若純正哲學，將亦可分設爲無機物之哲學，而人者有機物也，是自然科學全體中之一部分而已；故曰物界心界之分，辜較言之，不爲典要也。即心界而研究之，即見有種種之部分，大別之爲三：曰知識、曰感情、曰意志。

知識者，若思索、若理會，皆屬之。其研究之事，謂之論理學，或曰認識論。

感情者，科學中心理學之對象也。世類以心理學（Psychology）爲精神世界之科學，甚不確。此沿往昔哲學家之訛也，當於他日講心理學時詳言之。

意志者（Will）實謂意志之能力（Volition）。廣言之，則吾人行爲之主義也，其在哲學，凡不屬於理論之部，而以吾人實踐之旨爲其對象者，皆屬之。哲學家或謂之實行之哲學，實行者，非兼涉製器程功外部之行爲，而專屬於心界道德之資性及志向，有善惡之別者，是也使世界止余一人，則余亦可有美醜眞僞種種之觀念，不異於今日，而獨不能有善惡之觀念。善惡者，必其有多數意志不同之人，相與交涉，而後比例而得之者也。吾人之意志，實自由耶？或所謂自由者，不過吾人之想像耶？意志之性質，如何耶？善耶？惡耶？吾人之行爲當可循何範耶？道德之最高主義及其目的，何在耶？凡舉此類之問題，而研究之者，謂之實行之哲學，亦曰論理學。

心界哲學，尚有二要，則宗教哲學及美學，是也。余前者嘗言哲學自宗教始，宗教及神話史（太古流傳之事多涉神怪者，如我國盤古開天地之類）者，人間哲學感情之表示也。各宗教者，或生於知識、或生於感情、或生於意志，各有其偏重之部分。及其民族，或民族中之人人，有內省之識，而始爲哲學家考索之事。於是神話學，及宗教界，漸以退步，而後代之以哲學，此人類智度進化之公例也。然其渴望宗教之思想，非由是而消滅，乃更深引而遙企之。於是哲學者，研究此思想之原因，及其至理，且即宗教界而各探其所涵之眞理，及與吾人關係之法式，而宗教哲學興焉。宗教之語（Religion），源於臘丁語之勒理格勒（Religare）。其義為接近，為合同，為膠連。故宗教者，神人相契之義也，而宗教實與道德有密切之關係，欲道德哲學之完成，不能不繼之以宗教哲學。

美學者，英語為歐綏德斯（Aesthetics）源於希臘語之奧斯妥奧，其義為覺為見。故歐綏德斯之本義屬於知識哲學之感覺界，康德氏常據此本義而用之。而博通哲學家，則恆以此語為一種特別之哲學。要之美學者固取資於感覺界，而其範圍，在研究吾人美醜之感覺之原因。好美惡醜，人之情也。然而美者何謂耶？此美者何以現於世界耶？美之原理如何耶？吾人何由而感於美耶？美學家所見，與其他科學家所見，差別如何耶？此皆吾人於自然界及人為之美術界，所當研究之問題也。

美術者（Art）德人謂之坤士（Kunst），製造品之不關於工業者也。其所涵之美，於美學對象中，為特別之部。故美學者，又當即溥通美術之性質，及其各種相區別相交互之關係而研究之。

二者外，又有歷史哲學，不以一人之生涯爲範圍，即全人類之生涯，而研究其未來世界之極點者也。其中最更要之問題，如人類進化之公例，及人類進化所歷各種之程度，是也。

此皆哲學區分之目也。自康德以前，大抵分爲本體學，合理之心理學，合理之神學，三者。本體學者，即眞理之溥通，及不可破者，是論理學之一部也。合理之心理學，及神學，皆證於想像，康德所指爲必難發明者也。其主義之遺傳，或爲自然哲學，或爲道德哲學，或爲宗教哲學。

吾所言人類哲學感動之問題，此哲學史所解釋也。讀哲學史之法，當本著者之見解，及其學派以求之，故哲學史亦爲哲學之一部，又可爲歷史哲學之一部也。其所載不特見哲學之流派而已，又得以見人類哲學思想進化之度也。

哲學之方法第三

吾前者爲諸君舉哲學之各部，自知識論始。知識論者，論理學之一部也，於各部中實爲哲學之門徑，故亦謂之方法學。方法學者，英語曰眉妥特（Method），源於希臘語之眉太及霍特斯。眉太者，後也、從也；霍特斯者，道也、法也；合而言之，爲循道遵法之義。是故哲學者以探討比較之法爲方法學，學者功效之良否，即於其方法之精惼定之。方法學之關係大矣。吾讀一哲學家之書，吾循著者所循之方法以求之，則其人之性質及功候自顯。方法者，哲學家之威儀也，布福安曰：人者如其威儀。吾亦曰：哲學者如其方法。方法學者，非徒如他科學罪之簡質無趣也，凡哲學者之見解之學力，及其與外界之交涉，一切同異攻取之蹟，皆於是見焉。如柏拉圖、斯賓椰塞、康德、黑格兒、諸家，苟不熟玩其方法，而欲領悟其主義，不可得也。

哲學之方法有二要：歸納法、演繹法、是也。

歸納法者，由果而求因，因之綜合，則原理之始也。余未知之，故探究之。然而所憑以探究者，不外乎質力之現象，是果也，因之所生也。由此探究之初步，而欲達發明原理之希望，則不可以不逆行。何則？果生於因，而原理則尚在原因未現以前。如雨者，泥濘之因，而未雨以前，雨固常在雲中也。因也者，阿里士多德謂之妥鏗奧尼，爲所所在之義。而由果求因之歸納法（Induction），則源於臘丁語之音杜克勒（Inducere），爲導一物於他所之義。而今之語意，則爲觀念由偏而全由下而上之義也。觀念之綜合，如由三角錐之底而溯其巓，故謂之歸納。

演繹法者（Deduction），亦謂之前進法，源於臘丁語之德杜克爾（Deducere），導以前進之義也。由高而下，由巓而底，由因而及果者也。哲學者，或欲以神爲柢，而以其表示，及分布，說宇宙之現象，是爲演繹法。若乃旭賓海爾於人類總念之中，而抽取其意志，以爲主義，以爲是存在者也，是世界之大始也，是非演繹法而歸納法也。何則？是實由一事之現象，一知識之方便，而討究之，以爲此結論者也，歸納法之所得，爲經驗之知識，其事始於分解。分解者（Analysis），其語源於希臘語之奧里阿，謂即複法之對象，而分解其部分或原質也；是當由其對象之性質及作用而釋之。而演繹法則從事於綜合，綜合者（Synthesis），其語源於希臘語之尋啓德爾，合衆於一之義也。

即種種之對象，而以總義證明之，故謂之演繹。哲學家言，常有以一主義之論證及敘述，系以分解及綜合之語者，此又不可以探究之分解法綜合法視之。

斯二者，以歸納法適於探究，演繹法則適於論證者也。然歸納法亦不能無誤，近世科學家之未治哲學者，多不解之。夫世界自有異因而同果者，一溫度也，或生於摩擦，或生於電流及化學之作用，然則吾人即一溫度之現象，而斷爲摩擦之果，是亦假定而已，不能保其無他因也。以吾人固有偶得眞理之事，而不能謂全體歸納法以致之。

無論物界心界，舉其一現象而言之，其數殆皆無限，歸納法決不能無所遺也，吾即僅遺其一，而不能謂歸納之畢業也。然而其業決不可以畢，於是濟之以類推法。哲學家未有不重恃類推法者，然而類推法者，出於不得已，不能保其必確也。

彼經驗之科學，恆以得少數眞理自足，哲學則不然，其所希望者，在原理之大始。彼經驗科學所不能論者，方且借徑於哲學以發見之。故哲學者，平靜而謙遜者也，吾決不謂哲學者之無謬誤，然而常有儀極之者，以無使有至大至險之謬誤，如航海者，直羅針亂勘之頃，尙得測恆星以爲準也。是惟最大哲學家及科學之代表者足以當之，非爲各國衰衰自命哲學家者言也。

知識者，主觀及客觀之交互也，融合也。哲學之眞對象，非物而超於物，而哲學者則猶是感覺界經驗界之人也。其所以達其目的者，勢不能不以其體魄爲基，而自感覺界經驗界之歸納法以外，無他道也。夫歸納法之不免不確，既如前言，然亦有未可概論者。諸君！盍思人間悟性，有豫知完全目的之能力。彼其於探檢之始，固有已知其結果者乎？彼其知識之比較，若斷定，不過心界極速之涉歷；而所謂歸納法者，乃藉爲發明神祕之法，而其悟性之主體，因非有事於歸納法及其相濟之類推法也。此兩法者惟科學之記述者教授者所必需耳。

認識者，如光明然。忽焉而洩於哲學者之腦海，彼雖不知其所由來，而固已了了見之。彼若有眞理之豫感，不期而達其所探求之目的。彼其於人間與眞理大始間無量之道理，不行一步而測得之。彼不惟於哲學對象，見有我相而已，彼直破其主觀性之界限，而與客觀合爲一，與大極無對之世界合爲一，科學美術及哲學之原始，及作用，終當由是而解釋之，是實大異於人生之現象者也，是謂神祕之現象。

英語之彌斯西姆（Mysicism），神祕之狀態也（Mystery）彌斯退勒，不可思議也。彌斯剔（Mystic），神神祕主義之人也。其語源於希臘語之彌斯德里亞。彌斯德里亞，又源於彌阿，或彌哀依。彌阿者，鎖閉之義也。在哲學界曰死，曰終，彌哀依者，宗教之祕密，入於極樂淨土之義也，故彌斯剔者，即謂已入極樂淨土之人。

往昔埃及希臘，其人民之崇拜神祕，謂之眠可死而知難隱。構造各種之神像，傳說其能力，以爲宇宙本原無限長生之力之表識，以爲其所涵之神祕，固永無破壞無絕滅者也。人之死也，不過暫眠，不過其動力之衰微，而生命之本原不涸也。其神祕主義家最簡之格言曰：死體之內有不可破之生命。

是云主義皮相者鮮不謂與經驗界之所得相反。雖然，吾久終不得不由現象世界，而退於微密之境，閉物質界之限，而開心靈界之眼。質言之，則欲理會祕密之意義者，不得不死於可覺可見之世界也。神祕狀態，不可思議諸語，皆源於彌阿，誠非此不足以形容之也。英語之彌斯西姆，德語曰彌斯的克（Mystik）。而德語之彌斯西門斯（Mysticismus）、則與彌斯的克大異。蓋彌斯的克者，謂人心之狀態，而彌斯西門斯，則謂其狀態之俶擾而陵夷也。人類歷史中，皆於俶世見之。西羅馬帝國將亡之數世紀如斯，而今日亦然。今日者有種種關係，使人起歐洲古代文明嬗於耶教主義之同感。人心之蓬蓬然欲起革命於世界，而顛覆之也同；以過敏之神經，渴望至新至大之教義也同。古之教權既殺，舊宗教殆既破壞，而期望改革之勢力，常占主位於搖動之人心，而其求知識，求幸福，求完全之超拔，則非特不殺於昔，而更加甚也。曰：如何而滿志耶？曰在此無憑藉不確實之中，當何所爲耶？此因不得導師者之通病也，於是甲者，有近世偏重主義觀之哲學，與宗教之折衷主義，及過度之懷疑主義；乙者，爲各種驚異誕妄之信仰，而吾人時代，要以過度者爲多，而彌斯西門斯，亦其中之一現象也。至於彌斯的克，剛閑然如神之本體，而爲原始與終之大智而已。中世德國有神祕主義之大家愛克哈脫、陀彌尼肯（Dominican）之教士也。相傳以千三百二十九年前生於斯多爾士勃克，其生死之神異，未之詳也。其人曰，神語之告我無默時，是實最精微之言也。神語者，吾人精神界最神祕最深隱無音之聲也，是即知識之緣起也。夫神祕狀態之性質，殆不可明言，其語意因已神祕，欲理會之，不可不豫想神祕之資性，然而神祕主義家精神之狀，吾人固不能陳述，以其爲吾人未經驗之事也。吾人之所能知者，不外乎感情之內容，及所覺之事實。研究之者，其於神祕主義家之生涯，決不可皮相之，往往有官體殘廢，品性乖張，而轉具遠見豫言之資格者，且不得即神祕主義大家之生涯，及其類似而遽斷以爲神祕狀態本質之所寓。蓋此生涯之現象，不過神祕狀態偶然之衣被，而其他大抵無關係者也。宗教者，最適於神祕狀態之沃壤也，然而不能以此限之。神祕狀態者，如葡萄然，不問其爲樹爲壁爲杖，皆得緣而上之。而拘一偶然之現象，而欲以爲神祕狀態之本質，則其所謂神祕狀態者，亦不過偶然之現象耳。

哲學家說明神祕狀態者，余以哈脫門之言爲最善。其言曰：神祕狀態者，其本體極安全者也。何則？去其一切附麗之物，則其內容，不過人與太極無二質之見而已。是見也，忽起於吾人之心光，而實宇宙大本與吾人心靈確然同一之所致也。

中世神祕主義家，屢有昧神之語，此非戲言也。蓋欲即其感覺之不可名言者，而強名言之焉耳。神祕之感覺，其內容即宗教、哲學，及美術之難題也，是不能以人為之方法論證之。自有此三學以來，固嘗試之而無效者也。

神我同一，在哲學、在宗教，皆足見之，而尤以未嘗經驗之美術為最易證明。彼蓋不由方法，而以直觀者表明其眞理也。阿里士多德，嘗於詩見之，故以為表示人間生命之眞理，詩勝於史。若創造之大思想家，及美術家，其悟澈之片刻，即神祕主義之人也。其他能理會其所見，而終能多趨之者，是亦有神祕之血脈者也。何則？理會深澈者，亦悟澈之天才之再生也。如讀詩然，非與作者同感，則不能深領其趣，此雖最嚴正之歸納法，亦非所能助者也，此悟澈神祕者之所以罕也。

余於是不問哲學家，美術家，科哲家，舉其天才特異者，以為神祕主義之人。若蘇格拉底、若費帝亞、若斯賓挪沙、若旭賓海爾、若培瑣分、若額里羅、若斯克司沛亞勒、若哥德，皆神祕主義之人也。諸君而知天才之悟澈之不可名言也，當不河漢斯言！

宗教者，其神祕狀態之長子乎？善乎沛德勒奴士之言也。曰：最初之神，人間恐怖之所生也（Primos in beos deos fecit tinmor）。斯言也，雖唯物論者亦愛之。雖然，此亦謂神祕性質所寄之人，其想像觸發於恐怖而已。至於神之觀念，其本體固於恐怖無與也。

哲學者，其神祕狀態之少女乎？彼其發現於世界也較遲，以境遇之故，不得不依他人之極合時宜者，而衣其衣，言其言（此謂哲學之道跡近科學而遠神祕）。要之，哲學者，較之宗教而有和光同塵之概者也。

雖然，此亦外部之差而已。由此差而兩者互相疏間，至忘其同出之源。宗教者，爲擴張勢力之故，而構爲神我差別之說，以壟斷神權。蓋人民者，大抵不瞭於神我同一之眞理者也。宗教者，不爲有思想有學問之人設，而惟從事於籠絡蚩蚩之人民而已。哲學者，則並神祕之本源而斥之，一、以欲挫折宗教之勢力，故不得不以純粹冷靜保護眞理之態，表示於人群；二、欲舉所謂不可名言不可決定，以觀念，若議論、若論理、證明之。

迨宗教及哲學之進步，而兩者皆有回向本源之希望，於是中道和會，而相與退憩於神祕狀態之中，以蓄其勢力。勢力既具，乃又發現於世界，而爲第二之爭焉。雖然，此非特兩部之相爭而已，兩部之中，又自有其相爭，新宗教者，與古之教權派爭；新哲學者，與古之合理說爭，是也。夫尊崇精神之新教，自尊崇經典之古教派觀之，不得不爲異端，神祕之哲學，自合理派之哲學觀之，不得不爲狂爲幻。然人類者，固將賴此異端者狂者幻者以促其進步，由神祕狀態而宗教及哲學有革新之機。此歷史之事實，諸君當於講義之日積而益信之。宗教也，哲學也，神祕狀態所命之二戰士，藉以保護其實利者也。是以神祕主義之人，不以自覺爲止足，而又必多方以發明之。若詩之屬，若哲學之屬，若論理之屬，皆是也。而其發明之最高最備者，爲根據科學之哲學。

余既言神祕之知識，所藉以發明者在根據科學之哲學，然則哲學者，欲以其冥心頓悟之知識，虓理而疏證之，亦恃歸納法而已。夫歸納法，誠不免不確實，然而舍是固別無發明之術也。雖然，哲學者不惟發明之而已，又得以是教人，於是有歸納演繹之二法。演繹者，以其所得之知識爲緒論，而因以證明一切之事實者也；歸納者，循其發明之方法，而藉以開示探究之徑途者也。二者如經師人師之別。經師者，聽其講義，有提綱挈領理順冰解之樂，然而未必心得。且必遺多未解之問題，此演繹法之狀也。人師者，不必有經師之學識才能，而師弟間親切之類化，有勝於經師者，此歸納法之狀也（一學校中分科教授者經師也，日與學生相處而監督其德行者人師也）。

演繹法之缺點如左：

1.演學者尚在卑近之地位，而教者自處於高深也。非學者盡力躐等，以與教者立同等之地位，則不能相說以解。雖然，彼固學者也，彼不必具神祕資性，而神祕之原理，又決非可以論理學驟證明之者，何由使一躍而與教者同等乎？

2.事多有異因而同果者，此非演繹法所能證也。

且也，演繹法中，殆無辨爭之事，即其組織而論其結論之合於論理否，可也；若爲於其中所證之原理而或是之，或非之，則不可。何則？或是之，是合其全體之教義而是之；或非之，則是合其全體之教義而非之也。在歸納法則不然，彼其所考與吾人合者取之，否者吾人又得以他術檢核之，且吾人雖雷同於其結論，而其中之一二節，所見不合，亦得而改之。近世哲學家，皆古之思辨家，及近世經驗界科學之學生也。彼於演繹歸納兩者，均受其影響，彼固知古之思辨家之教義多含眞理者，而亦知其於發明及論證之法，有所未備；彼亦知近世科學發明之偉大，皆歸納法之結果，而亦知其法之未備，欲達目的，則不可不更有導師也。彼欲爲經驗界科學之導師，彼固不能不同用歸納之方法，然而彼不可不以此問題之歸宿，爲其所豫見者，常懸之以爲的，而於是經驗界科學之歸納法，又有不得不改良者。今日各哲學家之所志，不外乎由自然界科學之歸納法，而歸宿於思辨界之一言。斯言也，哈脫門所著無識之哲學（Die Philosophie des Unbewusten）之發端語也，實足以括近代大思想家之傾向及性質。彼旭賓海爾及其他矜式學界之大家，瞰其哲學之形式，亦得以此語表之。使之吾前者評論方法之適否。而遽以演繹法爲無用、亦非；彼哲學家，非常教授者，其著作或不爲學者，而以貽後世少數之知音者，蓋哲學之性質，甚類於詩，故大哲學者即大詩人也。觀柏拉圖、薛令、旭賓海爾之教義，及其他之雜俎可以見之。非以彼等之常爲韻語，若小說，而謂之詩人也。彼其所以組成若表出者，皆詩人冥悟之現象也。彼哲學家之不教授而與同等之人討論者，亦以用演繹法者爲多。

大哲學家，亦有兼用演繹歸納二法者，培根及特嘉爾是也。近之康德亦然，其所著純理批判（Kritik der Reinen Vernunfa）皆以演繹法論證之，而其緒論則用歸納法。

所謂精確之科學者，自算學以外，皆用歸納法。算學之論證，皆三段論法也。彼以不可論證之公理爲前提；而全體科學，皆由此而演出，故不能有誤，彼其方法之無誤，非附麗於方法者，乃其公理不誤之效果也。未得公理之科學，決不能以此法例之。使因此而演之曰：演繹法者，至正確之方法也，何則？算學之結論，至正確也；而算學者演繹之科學也，則大誤矣。然有大哲學家，竟蹈此誤，而欲以算學之方法，論證哲學之眞理者，斯賓挪莎是也。彼著一書，曰幾何學派之論理學（Ethica more geomerticademonstrata）以拉丁語書之，其方法雖誤，而其思想及技術之大且銳，實可驚歎。彼於近代哲學界之文學，殆無可與抗衡者。研究哲學眞際之人，不可不一讀此書。彼之文甚簡甚勁，而且甚古雅者也。

於前所舉歸納法，類推法，演繹法，三者之外，其四則辯證法是也。此近世哲學家黑格兒之所提倡者也。其法附麗於各種哲學，如不從黑格兒之哲學者，即不能從其辯證法也。辯證法者，多用爲哲學之名詞，而源於希臘語齊亞來鄂彌（διαλέγομαι）之動詞。齊亞來鄂彌（διαλεγω）又源於齊亞來俄之動詞。此以受動之形，而含發動之意者也。齊亞者，通也；來俄者，撰且讀也，合之，則爲即一物而意中自考察之，說明之，或與他人辯論之之義也。於拉丁語爲羅闊爾，科羅闊爾，的斯普托（Loquor colloquor disputo）其希臘語之德西耐齊亞來克開（T'εχνη διαλεχχιχη）或止用齊亞來克，聞者則爲無問人己，以辯論發明眞理之術也。夫辯論者，必由見解及決定之相異而起。天氣如何？此物何色？此無可辯論者也。又如幾何學美術學之公理，此又無可辯論者也。至乃即一性質而言，善之與惡，美之與醜，正之與邪，複雜之與單一，斯則辯論之所由起也。諸君試即倫理論理美術宗教哲學之總念而考之，必是多數矛盾之說，有不可不辯論者。法國之諺曰：（Du choc des opinvions jaillet la Veroté）由諸說之衝突而眞理始不得出，即此必待辯論之總念及性質，而辯證法之對象具矣。

哲學者，舉科學之問題而沉思之，固已自相辯論，彼其於語源固辯證家也。最初之辯證家，於人人習慣之總念，彼乍而疑之，與其所見之總念矛盾也，彼又嘗於自見之中發見矛盾者，如動與靜之總念是已。

希臘哲學者，額拉吉來圖，及愛來亞學派之射那，實辯證家之開山也。額拉古來圖，以宇宙之調和及秩序，即在反對與衝突之中，其最傳誦之名言曰：（πόλεμος παιηρ πανημν）事者物之父也。射那則見於動之觀念有所衝突，而斷之曰：世界無動。其後有詭辯學派，以縱橫之術，培養其辯證法，雖極正之論，務以強詞奪之，致使世人闢辨證法之語，即認爲詭辯學派之辯證法。雖然，彼實辯證法之根荄，而不合理論者，與純正之思想相反對者也。於是有蘇格拉底之辯證法。蘇格拉底者，開希臘哲學之新命，而辨證法之最擅場者也，其哲學用歸納法。而證辯法者，其歸納法中之一部也，詭辯學派者，不問其爲眞理，爲謬誤，一切排斥之；蘇格拉底則排斥謬誤者而止，彼以爲眞理必有，而吾自知其未之知也。故彼之格言曰：吾之所知，在吾知之所限，而見其有不可知者而已。此實足以表哲學者謙愼求知之希望，而非懷疑派之輕浮者所可同日語也。吾人既知眞理本有，而尙爲吾人之所未知，則學不可以已。而學者又不可以冥思而得之，則不可不借助於人我之辯論。辯論又不可以無方法，於是有教師學者之儀式也。教師者，乘辯論之機，而提出眞理，眞理如產子，而教師其產婆也。蘇格拉底之母，業產婆者也，蘇格拉底屢以產婆術自喻其教授法，此即其辯證法之作用也。

蘇格拉底未著書也，而其哲學及辯證法之事，由其弟子芝諾芬及柏拉圖之所記而知之。而柏拉圖於蘇格拉底之學，又自爲一派，其辯證法，在發明眞理之在於觀念。蓋柏拉圖之教義，以觀念爲與眞理之大始同一也。夫觀念之綜合，非命題及三段論法不成，此論理學之事也，故柏拉圖之辯證法，即論理學。然而柏拉圖又以觀念爲即眞理之大始，此爲純正哲學之事也。故柏拉圖之辯證法，又即純正哲學。自柏拉圖以來，及康德，與康德以後之德國哲學，大抵以論理學與純正哲學為一致。而辯證法者，於論理學及純正哲學兩者之義，普通用之。

柏拉圖之弟子阿里士多德，始創所謂形式論理學。此於哲學無關，而便於初等學校之教授。蓋其於命題及三段論法之所由成，言之最詳。而又有證明虛僞之法也。其他論理哲學，則亦謂之材料論理學，以其對象，非徒吾人思想及決定之形式，而在總念之眞理也。

兩者之外，又有所謂超絕論理學，此康德所著純理批判中之一部也。其對象，亦吾人思想之形式，而與前者大異。蓋非經驗界之事，而附麗於吾人先天智力之形式。以此形式，構成各人之智力者也。其中有超絕辯證法一章，吾人不可不由此辯證法，以檢點吾人理性中自然難免之謬誤。蓋理性中有三觀念，曰歸魂、曰自由、曰神。無此觀念者，非人也。然而不能由理論之理性，以論證此三者之誠有。而理論之理性，又若見其端倪，自有情不自禁之論證，於是不免為虛僞所欺，而陷於極大之謬誤。此其謬誤及致誤之由，吾人不可不檢點者也。而檢點之法，則超絕辯證法之事也，辯證法之名，亦有用爲知識論之義者。本世紀耶蘇新教之大神學者，胥來勸麥哲爾，哲學界之偉人也，嘗以此義用之。

近日最有名之辯證法，則治黑格兒哲學之方法也，黑格兒之書，其論證之用語及形式，於各哲學家中，至爲難解，雖德國人亦難之，然解其教義及辯證法之義，則無不迎刃而解矣。彼之辯證法，所以明吾人總念之進化者也，彼以爲進化生於衝突，自無機界進化而爲植物，爲動物，以至爲人，無一不然。攝力之與抵力也，靜之與動也，有之與無也，蓋觸處無非矛盾者。是故其始之狀態，謂之正題。及其移於矛盾之狀態也，謂之反題。結合此正反兩者以爲攝論，而一進化。及其此攝論之又生矛盾也，而又結合之，而又一進化。如是遞相反正，遞相結合，以馴達於太極無對之地位。此不獨物界而已，吾人之總念亦然。一總念，正題（Thesis）也。而必有與之矛盾之總念，爲反題（Antithesis）及兩者之結合，而較近於眞理矣。黑格兒名之曰奧弗呵卑內斯摩門脫（Aufgehobenes Moment），此德國哲學書常見之語，不可忘也。此摩門脫一字，不可以英語之摩門脫，爲時間分子之義者譯之。蓋此義於德文爲陽性字，謂之的爾摩門脫（Der Moment）。而黑格兒所用者爲中性字，謂之大斯摩門脫（Das Moment）則運動之原質之義，而吾人心中觀念若總念之所由生者也。奧弗呵卑內斯者，奧費本（Aufheben）之運詞之變體。有三義：一、保也，保本之義也；二、碎也，止也，廢也，止爭之義也；三、上也、高也，積累之義也。黑格兒之用此語，所以形容亦保亦廢而又結合於進步之義也。彼常人者，日處於矛盾之中，而不之覺。懷疑派者，見以矛盾之態，而一切抹殺之。黑格兒則以此爲心力之一現象，而眞理所由以發見者也。且懷疑派，惟知矛盾之爲矛盾，以爲糾擾無窮，若不可分解者。黑格兒，則見其附麗於總念之本性，不特非不可解，而亦不可不解者也。

此三分辯證法，凡欲理會太極之原理者，皆不可不從事也。黑格兒用希臘語之羅各士（Logos λογος）以爲太極之義。而用其眉妥特士（μεγά）爲方法之名。眉妥特士者，合眉太（ὀδός）及呵特士（μ'εθοδος）二語爲之。眉太者，後也，呵特士者，道也。言羅各士之開展，由正而反而總合。而吾人心靈，不可不循其後而步趨之也。黑格兒以爲此作法者，即神之作法。蓋彼固以神與太極爲一義者也。故羅各士之學，非徒純正哲學，而亦可謂之神學。

此證辯法者，實創於希臘之額拉吉來圖而黑格兒以科學之家法，使之有規則有首尾而已。故黑格兒甚景仰額拉吉來圖，以爲其遺言，殆無一不合於己之論理學者也，而十五世紀，德國神學及哲學者，哥薩尼士，及其學派之意大利人伯魯那，皆足爲黑格兒辯證法之先河。

康德以後之哲學，費斯德氏，嘗以此理想，運動，進化，之三分法，應用於主觀界，於其所著知識學（Wissesens chaftslehre）暢論之。而黑格兒之弟子，若米乞立、若戴費德斯德勞士、若德阿多爾費駭爾，皆用此辯證法，克那費駭爾，亦深所歎美，而於其所著論理學中應用之。至於今日，則無論教師學生，罕有用黑格兒之辯證法者。求黑格兒哲學於其書者甚渺，是實哲學界可恥之事也。今日爲黑格兒辨證法之敵者，有海爾妥門。雖然，彼其一部分，爲黑格兒歷史哲學之附屬者也。

爲黑格兒之教義之大敵者，旭賓海爾是也。余實以其抗敵黑格兒之意，爲其人物及著作之一短。近日巴生著所謂實之辯證法（Realdialectic）合黑格兒辯證法及旭賓海爾之意志論而調和之。而黑格兒之主義爲之一變。其辯證之主體，非羅各士，而無意識之意志也。其所謂實之辯證法，亦純正哲學，而非方法也。

哲學之系統第四

凡科學無不有形式，及機關，及對象之異同，可得而檢察之。哲學亦然。今使有問者曰：哲學諸形式中，何者最良耶？諸機關中，何者最適於研究而可以發見眞理耶？所謂哲學之對象者，又當如何抉擇之耶？此實不可答之問題也。蓋哲學教義者，其全體之性質，全體之狀態，各依於哲學者所立之見地，而哲學界之斷語，則亦如見地之各別也，人心之不同，如其面。雖同一見地者，尚不免有幾許之差異。然而此差異，於其本義殆無關也。同派之思想家，其精神常有互相親和之證，偶有差異，則出於各人特別之原因者也。

一事之異，同派之二思想家，常不難相說以解。其不能相解者，則必其懷偏見。若惡意者也。其或有全異者，則恆由於見地之不同。往往於二派哲學之間，雖簡單之理會，亦不能相通者。今請由種種之派別而檢其見地，關於形式者，有四別：曰獨斷、曰懷疑、曰批評、曰折衷。

獨斷說者（Dogmatism）哲學最古之形式，其語源於希臘之陀克麥（δόλμα）即意義之謂。而又含必如此無不如此之語意，構爲哲學科學之公例，而不容擬議者也，例如希臘哲學家，或以水及空氣爲物之本源；中世神學者，謂神及靈魂，即普通生物之對象，亦可以物質之例分析之，是皆獨斷之說也。彼等亦嘗用三段論法，而實論理學中之所謂無證斷定也，其所以爲前提者，本無證據，其所生之結論，又烏能確定乎？此無證斷定者，舊爲哲學家之所習用，實形式論理學中虛僞之一耳！

吾人之心靈，自由者也，決不能常受壓制於獨斷說之下，於是激動而生他種之見地，則懷疑說（Scepticism）是也。其語源於希臘語之斯克沛斯（οχsφι）考察躊躇之義也。懷疑說者，實哲學中進步之現象。雖然，欲於其中立一不朽之學派，得一求眞理之方法，則不可得。何則？懷疑說也，於原理、於系統、於方法，皆自相矛盾者也。彼等不認有界說，亦不求公理，惟有疑而已。然則當並其懷疑說而疑之，既無一界說，無一公理，則懷疑說亦何所憑藉以自立耶？要之懷疑說者，由獨斷說而進於自由討究之狀也。人心初脫獨斷說管領之時，不能不然，抑亦不可不然，斯實近時哲學之由起。而於特嘉爾，實開近世哲學。而特嘉爾尤所謂近世哲學之父。彼二家者，其教義雖多懷疑說，而實皆獨斷家也。要其獨斷說，既達於高度之形式焉耳。

批評者，康德之所創也。英語謂之克里梯塞姆（Criticism）。其語源於希臘語之克里那（χριγω），撰也，定也，判斷也。其他若克里德斯（χριγηs），及克里確斯χριγχόs爲裁判者之義。克里德里翁χριγχριον爲準據識別之義，亦皆於此語相關。故批評說者，判斷也，證明也，以謹嚴之法，檢核人間知識之本源，及界限者也。其討究之法式，大異於獨斷懷疑兩家。其基本之事，在檢核人間知識之能力。其於普通及特別之界，所及者如何耶？此問題未決以前，雖有如何確實之界說，皆不足據也。使哲學者無以答此問題，則哲學亦失其綜合科學之價值，是批評說之所託始也。是故批評說者，非特獨斷說之反對，而亦懷疑說之反對也。懷疑說雖與獨斷說相爭，而密檢之，則亦獨斷之變相，蓋一則不證而信之，一則不證而疑之，其爲無據，一也。其義詳於康德所著純理批判之緒言。自康德以來，至於今日，獨斷懷疑兩派，竟絕述於哲學界也。

折衷說者，近時哲學家普通之形式也。英語謂之伊來力梯塞姆（Eclecticism）源於希臘語之伊克來（Έχέγω），及伊克來該音

（εχλέγεν），選錄之義也。折衷派者，往往由異派之教義中，節取而綜合之擴大之者也。夫哲學各派，皆頗近於折衷，雖大思想家，固不能不以先進爲導師也。以余觀之，則一無依傍師心創設之教義，殆不可得，且亦未見其例也。或以哲學者之爲折衷說而菲薄之，此不知哲學者耳。

其折衷說之不以方法言者，爲混合說。英語謂之森克拉梯塞姆（Syncratism）源於希臘語之森（Ουν）及妥克拉齊（γοχράοις）森者，六也，妥克拉齊者，混也，故爲混合融合之義。英語又謂之森克里梯塞姆（Syncretism）則源於希臘語之森克里齊（roχυλάροις）爲互無愛力之說之結合也。夫以異質之教義而混合之，非理也，然而科學家法之折衷說，則不得以此例之。且吾觀哲學之大流派，大抵爲總合者。如柏拉圖之教義，即愛來亞學派，及額拉吉來圖教義，兩者之結合也，近時德國哲學者海爾巴脫，最深於柏拉圖之學，而能表出其特質者也。其言曰：柏拉圖之觀念論，所謂普遍之觀念，即不變之本質，而爲感覺界諸物之模範者，是即愛來亞學派存存之義也。其以感覺界之現象，爲由運動轉化而創造者，是即額拉吉來圖轉化之義也。故柏拉圖者，斷取額拉吉來圖之存存不變，以調和於愛來亞派之變化不絕，而爲此觀念論，實折衷派之思想家也。然最合於折衷說之家法者，爲里伯尼士，及近時之薛令、旭賓海爾、哈脫門。哈脫門者，結合薛令、旭賓海爾、黑格兒，三家之言，及近時經驗之科學，以爲其教義者也。

關於人間知識之機關者有三大別，曰合理說，曰經驗說，曰經驗說之一派感覺說，是也。

合理者，謂眞理可達也；然眞理者，不存於感覺界，經驗界，而惟在於理性之純粹作用。特嘉爾者，近世合理說之父，而斯賓挪莎其最大之代表人也。在古代，則有柏拉圖及阿里士多德。

合理說之反對爲經驗說，以經驗爲知識之根基，近世經驗說之創始者，爲男爵培根。

感覺說者謂吾人知覺之內容，惟以感覺性爲基本，而思想及意志，皆感覺之變相也。感覺說最簡之界說曰：覺官之所無，智亦無之（nichil est in intellectu quod non fueritin sensis），此語不知出於何氏？大抵阿里士多德之弟子也。爲感覺說重要之代表者，爲陸克，及康特賴，及海爾弗底士，而瑞西人般耐亦著名。

關於知識之對象者，其別甚多，一如哲學中知識之對象之數也。約而舉之：一，吾人之知識及知識之對象如何耶？二，大始之原理如何耶？是純正哲學之問題。三，人間者何耶？其與存存之本原，有何關係耶？是人類學之問題。四，世界及吾人之生命，於吾有何價値耶？此問題者，哈爾妥門謂之價値論。五，道德之問題。六，世界孰管理是耶？其管理之規則，何以知之耶？其他神之問題，攝於純正哲學之中；靈魂不死之問題，則攝於人類學之中也。今者以吾人知識之問題始，則爲二派，唯心論及實在論是也。實在者，以外界諸物爲有實體者也，其爲物也，極複雜，而吾人之感覺及和覺，則此外物影響之所生也。其中又分爲二種：一，溥通實在論，哈脫門謂之自然實在論，非哲學者之所見也。二，批評實在論，哈脫門謂之超絕之實在論，彼常以此自任，即康德唯心論與其他實在論之結合也。超絕者，雖主觀之語，而同時有一物焉，關係於客觀之本體，而使吾人認客觀之非子虛者也。此超絕之語transcendental

與其他之超絕語transcendent有別，超絕之者，不可經驗之義也。此所舉之唯心論及實在論，皆限於知識之範圍，而彼等於美術於倫理，皆有所謂實在論，皆以唯物論之義用之。夫唯物論者，誠實在論也。然而知識界之實在論，由純正哲學觀之，決非唯物論，彼美術之實在論，當以自然論易之。即以唯心論爲同於惟神論，及心界之詩才者，亦復不合也。要之唯心論與實在論相對，皆在知識之範圍，皆爲哲學，凡哲學界之名詞，不可不愼用之。

唯心論者，謂吾人知識之本源，全在主觀。吾人所見之物，非純粹之實在，而實吾人之觀念也。此觀念者，與柏拉圖所論之觀念大異。柏拉圖所謂觀念，即指爲存存之實體，向者亦謂之爲唯心論。而實與近世唯心派之知識論大異。據近世唯心論者所定之規則，則柏拉圖之教義，正實在論也。而近世哲學家所認爲唯心論者，於中世多認爲實在論。而唯心論之哲學家，實占一大部，一時期之最大思想家多屬之。余反復諸唯心論之意義，要以吾人所住之世界，不過主觀之表現，而所謂物體者，皆吾人之知覺也。旭賓海爾之大著作，名曰意志及表象之性界Die Weltals Wille und Vorstellung去其意志語，則唯心論最確之界說矣。表象之世界者，世界即表象之謂也。吾人所見之物質，在宇宙之中，而範圍於因果之理法。夫宇宙因果，吾人心界之所緣起，而非由經驗而形成，是實於經驗之前，附麗乎吾人之理性，而為先天者，斯實可以唯心論之科學家法論證之，康德所著純理批判之所有事也。而康德遂開近世唯心論之新世界，其教義謂之超絕者唯心論，超絕者之意，非謂超乎經驗，而為在經驗以前之義，與康德所用先天語同義也，吾今其撮其教義，以證明宇宙因果屬於先天之說。

余之證明自宇始，宇者，亦謂之空間，其為唯心也，有六證：

1. 經驗者，必其主觀以外之客體，互相分離於吾之感覺，而後得從事焉。然客體之由主觀而分離，及由他客體而分離，是皆宇之關係也，余感覺於客體之分離，不可不先有宇之知覺若觀念，而余知不感覺於客體之分離，則無以為經驗，則此分離之感覺，必在經驗以前。然而此感覺者，實緣起於宇之觀念。然則無宙之觀念，即無經驗，故宇者，在經驗以前而確是先天者也。

2.宇之觀念，吾於諸客體之關係，抽象而言之也。吾能爲宇間所容諸客體之想像，而不能爲除去客體之關係之宇之想像。故宇者，非一客體，而吾智力之作用也。吾人決不能除一切關係而想像吾之智力。故宇者，與吾智力共生者也。

3.經驗者，惟能知某物常有如何之現象，而未見他現像而已，不敢謂某物之現象，必如是，及不得不如是也。而宇之關係則反之，覨若畫一，必不容有矛盾，如三角形之於球面，半分之於全體，是必不能一致者，凡必然之事，皆爲先天者，而宇之關係之必然，則如此矣。

4.因宇之關係之必然，而建設一至確之科學，則几何是也。吾人直以此几何學可溥通於地球以外之星球。蓋吾人知識之範圍，即宇之關係之範圍，而亦即几何學之範圍。如吾人決不能想像於點線面體四者以上是也。是几何學之公理及解題，亦宇之觀念之屬於先天之證也。

5.外界知覺之各部分，是余主觀之自感動而已。而知覺常爲一總體，夫不能析物體之各部而見之，而常能見其總體者，是必余之知識能力中，有一要質焉，能結合單獨之感動於一總體也。然而物體之結合也，不外乎宇，而所謂結合單獨之感動者，要亦不外乎宇而已，是亦證宇之爲先天悟性之作用者也。

6.吾人之以宇爲無限也，其確實，如二二爲四之不可駭也。夫無限者決不可以經驗，凡經驗界，因無一物可以謂之無限者，而宇之爲無限也如是，是非後天者而先天者也。

其次證宙，宙者，亦謂之時間，其爲唯心也，亦有六證：

1.經驗者常豫想其感覺之爲同時，或先時後時。是時之觀念。既在經驗以前，而爲先天者。

2.宇亦爲宙，不能離一切關係而爲抽象之想像。如吾人不能想像無變化無運動之世界是也，是亦先天之證也。

3.宙之名目，若昨之與今，若前之與後，皆必然而不容矛盾者也。必然者即先天者，故宙亦先天者。

4.數學之命題，其確實與幾何學之命題同。數學者，建設於吾人宇之總念，如幾何學之建設於宙之總念也。數學者，不過省略計算之方法；計算者，不過反復單位而不置。是故數學者，宇之科學也，以數學公例之確實，知非緣起於經驗而為先天者也。

5.宙者，結合外界無數之感動於一總體，而比較之者也。此感動，在吾人之內，而非在其外，故宙者，亦在吾人之內，而且在諸感動之前，是不可謂非先天者。

6.吾人確知宇之無終，等於宙之無限，無終者，非經驗世界之所有，故不可不為先天者。

因果之為先天性也，其論證甚有似於宇宙。

1.因外界所生之感動，而吾人受外界之物像者有三：其一吾人斷此等之感動為結果，其二吾人由此等結果而追溯彼等之原因，其三吾人見此等原因為具體之物，是物之現狀為其果，而物之秩序則因果也。吾人構造物像之能力，不可不豫想因果之總念，而構結物像以前，又無以爲經驗，是因果者，確在經驗以前而爲先天者也。

2.據康德之說，物者不外乎吾人知覺之因果，吾人想像中不能有抽象之物，亦不能有抽象之因果，是因果者，吾人知力之作用也。

3.所謂有者，不問何種，無不有因果之關係，是人人所信爲必然者也。凡必然者，必在經驗以前。

4.凡自然界科學，去其經驗之作用，而設爲公理界說者，康德所謂純正科學者也，如純正算學之界說，實不可動之正確，而其對象不外乎因果，是因果者不可動之正確，非經驗者而先天者也。

5.欲爲一完全之經驗，必不能不有因果之關係，是吾人所信爲必然者也。而經驗界無以證之，是亦見其總念之出於先天也。

6.因果者，吾人確知其如宇宙之無限，是亦先天性之證也。

要之宇宙者，吾人直觀之先天形式；因果者，思想之先天形式也。因果以外，尚有先天形式之思想，而因果爲其最重要者。

物及全世界者，於吾主觀之形式以外，爲何耶?此決不能認者，是康德之教義也。彼決不以物爲虛構，爲幻象，而以爲必有其實體。然以爲吾人所見之世界，實不過主觀之表象，彼物之現象而已。康德所用之名詞，本體者（**Noumenon**）謂理性之物，不係於吾人之覺官，而係於吾人之理性者。其語由希臘語奴士（**Νοΰς**）來，智界之義也，吾今爲諸君言超絕之實在論之二界說。其謂吾人不能見物之本體，而惟見其現象，此與唯心論同，而彼又謂物自有實體，由吾心界超絕作用因果之方便而覺知之也。康德自擬於唯心論，而實爲超絕之實在論。其知識論即所謂超絕之唯心論者。而哈脫門所著超絕之實在論批評之基本，亦斷爲超絕之實在論。此知識論者，實嚴正精練，舉所謂不可論證者而論證之也。故於哲學界超絕之實在論學派，皆紹述康德者。

新康德學派之哲學家，是與康德之唯心論及其他之唯心論皆不同。彼等謂唯心論不可認世界之實在，或曰：物者現象耳。實在者，惟吾人之心；或曰：物即實在，然而其實在之認識，雖間接亦不能得之。是於吾人一無眞理之關係也，是可謂之知識論，而非純正哲學。何則?純正哲學有眞理。新康德學派如認純正哲學，是自相矛盾也。余前者懷疑派之論，正合於新康德學派。彼雖自命爲最正之批評家，而實與於獨斷之甚者也。謂之惟我說可也。倫理之自愛說可也。迷妄說可也。宇宙非存在論可也。何也？彼固不認有世界者也，黑格兒之徒，亦有呼新康德學派爲超絕唯心論者。然此語又有他義，余則以迷妄說之名爲最合。旭賓海爾嘗謂爲顚狂院之哲學，良有以也。彼其教義，將釀成危險之果。何則？如其義，則若道德，若宗教，凡基本於世界實在之義者，皆當屛除之，彼以爲世界者夢而已，空想而已。曰上、曰下、曰善、曰惡、皆空想而已。新康德派最大之敵，哈脫門也。彼其所著新康德派主義評甚可觀。

新康德派主義之代表者，著唯物論歷史之蘭格也，此書甚佳，而不宜於初學，以讀者須豫知哲學界邪正之別者也。其中敘原子論文派別，爲警策之部分，蘭格者，新康德派之巨子也，又有法亨該爾，亦巨子之一，二君皆博於學者也。法亨該爾，於康德之書，及其歷史，知之最詳，純理批判之書，即其所印行也。彼可爲康德派之言語學者，其他若明那愛特盟者，亦得列於新康德派之中。

旭賓海爾之弟子，保羅戴生（今尙存、前在柏靈教授，今在克爾）所著純正哲學要義，有曰：初生數月之嬰兒，使能以其見地告吾人。恐皆康德派之唯心論也。善哉！扼康德教義之中心點，而明其科學之價値，歷史之起原者，未有如此語之正切者也。無論人禽，苟有智力者，則生命之初，其精神界莫不有一往來宇宙嬰聯因果之世界，崛起於其中。此嬰稚者，實此世界之無意識造物主也。然而彼既久涉世界，則忘其爲彼之所創造，而自以爲此世界中外至之一客，彼其初生數月間，以其固有之官能，與其宇宙因果不明之知覺，應用於外部之感動，皆無意識之作用也。及其轉無意識而爲有意識，乃立於純正哲學大問題之前曰，實體之世界，與現象之世界，有何關係乎？以爲此兩者必不同，如古者宗教之說。蓋人類無不有宗教者。康德以科學家法解說之，謂之吾人智力之本性，而又於其疑問之範圍，希望之目的，示吾人以當循科學而馴達之，康德者，分析科學及純正哲學之界限也，而又謂現象世界之內，全恃科學，康德者，所謂宗教及心理學之破壞者也；然而彼實保護之，彼破壞宗教之舊形式而已，非破壞其永永相續之內客。彼於吾人神及他世界之信仰，非有所攻擊，而轉謂以吾人之理性感通他世界者，不特無可能之證法，亦所不可能之證法，是對於懷疑派及唯物派之攻擊而爲保護也。要之理性之理論，在悟徹者非不可示其端倪，康德則嘗示吾人矣，所謂理性之實行是也（即道德）。

凡人一生之進化，即人類全體進化之縮本也，戴伊生謂數月嬰兒，其思想即康德派之哲學，然則人類最古之歷史，其思想界亦此哲學矣。

各宗教最古之題目及教義，莫不云於可見世界之外，有一絕殊之世界；此有變化有生死之世界之外，有一無窮不變者在也。其初所想像之神，類乎人者也，如吾人以有天也，有他世界也。吾人者，死於此而生於彼，然而有矛盾之跡也，於是即如人之神，而與以無偶無窮及不變之特性，是置神於宇宙因果之外，而自有超絕世界之地位，如中世哲學之稱爲農斯打斯（mincstans）者，無過去未來而有現在是已。基督教舊約書之歌有曰溯世界之未成兮，神之壽無涯。又曰：惟神視千年如一日兮，又如夜之一更。又曰：惟神建地兮，惟神造天；天地或滅兮，惟神無息，夜之舊兮，人則易之，天地之舊兮，神則革之，不與天地兮同革，神之壽兮無極。又曰：我於何所兮，背神而馳。我於何馳兮，神無不乏。登九天兮神之前，入九地兮神之次。我生兩冀兮，飛於海隅，惟神之乎兮，我導我扶。又耶利米記，神曰：人何從得一我所不燭之地，以藏身乎？我非充塞天地者乎？是等皆康德派之哲學也。

無意識之康德派哲學，於各種人民之神話學，小說中，方可跡之。如希臘小說中，不死之神神之食物等是也。

古印度吠檀達教宗云，存存之體，無性質，無宇，無宙，無因果，是謂梵天，亦謂之我。要之存存者，惟梵天，爲一切所莫能外，其現象之類聚，自悟境觀之，皆自生自滅於無知之心界者耳。又曰：現象之類聚，迷妄而已，智者之所斥也，如以繩爲蛇，審觀之即覺耳。全世界者，梵天所造之幻像，如魘術者自造之巫蠱也。

在希臘紀元前六世紀，愛來亞學派之祖師綏那芬氏，則既唱唯心論矣。彼反對希臘風俗之多神教而言，神者，無偶也，無窮也，物質無可以比擬之者，世界之總體，與神爲一，則亦無偶無窮無變者也。而此現象之世界，若是其多殊，若是其變化，是非本體，而吾人知覺之所構也。其後巴末尼德繼之，則曰：本體之存存者，無始無終，不可分，不可動者也，惟吾人之理性能顯之。故理性者，合理之知識也，眞理之本源也。至於覺官，則了不關於本體。其群集，其變動，其生死，徒足顯宇宙及因果而已。於紀元前第五世紀，額拉吉來圖及諸原子論者（Atomists）皆謂吾人之覺官，不能見物之眞性。原子論之巨子德摩頡利圖曰：吾人所謂物之性質者，不過不可見之原子，與吾人覺官，相觸之方法而已。其本質在吾人知覺之外，不能知其爲何狀也。羅馬詩人羅勒梯蘇，奉愛勃爾士派之哲學，亦原子論之流也。彼嘗有宇非實有之見，於其物之自然之詩有句，曰：脫除諸運動，何處覓時間？是雖經濟界之言，未足爲唯心論之證，然而宇非實有之見，固未可抹殺矣。

原子論者，舉愛來亞學派所謂無偶之本體而分析之，以至於極微。此微分中仍各具其全體之性質者也，其在柏拉圖之哲學，則此微分者，即感覺界諸物之生命及動力及智度之模範。所謂柏拉圖哲學之觀念也，與神同性，而爲綜合一切觀念之複雜體，如三角錐之頂者也。此觀念世界，爲感覺世界之反對，而吾人之所不能見，與康德之所謂本體同義也。

阿里士多德曰，時者，靈魂計算之數，言不外乎靈魂之作用，是亦屬宇於唯心界者也。新柏拉圖學派諸人，亦多有唯心論。

唯心論者，又基督教最初之一界說也。曰：吾人之知物也，不眞不明，徒見爲混雜若曖昧而已。然而教士所以解釋之者，謂由吾人德道之缺點，性情之乖戾。此使徒保羅所謂思想蒙昧之咎，是也。

綜觀古代哲學家之言，自吠檀以外，從無抹殺世界，歸之虛無老。此其催心論，非迷妄說，而康德派唯心論之先聲也。其中亦間有超絕實在論之說，即如基督教者，以世界爲神所創造，是決不能以萬物爲虛無也。

近世哲學家，以科學家法建設唯心論之系統者，自特嘉爾始。其言曰：哲學者不可不自外界無實之疑始，然而其疑旋破。何則？理想界之神，必不欺余，必不置吾於幻象之世界中，此世界必有實者也。然而吾感覺界之知覺，則誤也。何則？吾人所以判物之性質者，不過吾人理性之性質若知覺之法式而已，時間其一也。

里伯尼士之教義中，唯心派之說，較斯賓挪莎爲多，里伯尼士所謂實體者元子也（Monads）。元子之運動爲知覺，然外界所受之感動不可據，而知覺之本源，則自有在也。蓄元子之所知覺者，不外乎實體之世界。而吾人之靈魂亦元子也，因以知覺其他類似元子之世界，是故世界者吾人之知覺也。是說也，亦旭賓海賓海爾世界即我觀念之義也。

英國經濟學派中，若霍布士、若陸克，時有唯心之說，而彭克來之學派，則可謂唯心論之完足者也。

霍布士曰：色音光香之屬，吾人所視爲客觀之性質者，皆主觀也。時日方位，無不成立於主觀，是皆知覺之法式而已。

陸克唯心之說，得概括言之，以爲吾人知識之對象，感覺界之知覺也，感動也。故知識者，惟系於現象之一性質而已，非物之本性之知識。吾人能知物之必有本性，而不能知其有何性也。陸克嘗別物之性質爲二種：若外延、若運動、若圖形，此物所固有者也，謂之第一性質；若色、若味、若香，此吾人之感覺也，謂之第二性質。

其他尚有二人，英國史學家沙姆哲分斯士及瑞西哲學家查爾士般耐是也。

哲分斯嘗著一書曰：有魂，是即其唯心論之標本也，大抵推究種種之問題。第四篇，論宇之性質，有曰：時間者，去其所關係之思想作用、及運動而籀之，無所有也。此乃諸物所有之法式，而非有體者，又曰：時間者，過去現在未來諸事相續之法式也。又曰：物之本性之存也，有二法式，一者，統古今未來之事而同時見之，余以爲必有此境，而名之爲無盡期之今，二者萬物分別相代於其中，即吾人所呼之時間也。又曰：人間理論之最初，吾人不能有論證之法，然而造物主之存在，被造物多數種類之存在，吾人之存在，皆當有之。又曰無前時後時之悠久，吾人亦可推想而得之。試觀吾人居此地球，吾人及環繞吾人之萬有，皆若有一定之法式，如時計然（即時晨鐘）循法而行，終古相續。然而其對象者，必且有或速或遲之他種運動也。吾人今者，如於撮影箱中（照相器）通一小孔，而即所見之物而知覺之，謂之時間。易地以觀，則景像大變。吾人者，在世界爨演悲喜雜劇，而時間則舞臺之轉變也。及演劇之終，而與之俱盡矣。時間之不能離思想動作而有獨立之本質，猶之視聽嘗嗅之不能離其機關，及關係之動物，而有獨立之本質也。

哲分斯由上文世界論，而演為名雋之論，如左：

1.時間者，不過觀念及動作之連續，使即此觀念動作之連續而速之、或遲之，則時間正同。蓋此連續之作用不變，則時間不能有長短也。使易地球繞日之一年為一日，而人間一切觀念動作，皆以此比例縮之，則吾人壽命，恐不以此而短折，其一日確如今之一年也。

2.如此則人之生命，將比例於其思想及動作，而或長或短。何則？人於一年間之思想及動作，而以一時間思想之動作之，則此一時間者，不但見為一年，而實一年也。使其於一時間即一年間之思想及動作而盡絕之，則此一時期間，與之相關時間，亦復無有。又使彼心中固守一種之觀念，而因時為一單獨之動作，則所謂觀念動作相續之時間，必不能有也。

3.如此，則其他動物，與吾人無觀念之連系，而其一切關係，與吾人絕異者，其生命之倐短，苦樂之消長，吾人不能想像之。數日尋花之蝶，百年食息之龜，朝生暮死之蜉蝣，十年苦役之牛馬，各有春秋，不能以人間為比例也。

4.以此觀之，則吾人所見物物相續之時間以外，尚有一無窮之悠久，而吾人乃局於此宇宙之系統，而謂何者爲惡，此實不完全之判斷也。何則？吾人所指者，皆其極微之一部分耳，雜采之繪，而割其點滴之墨以評優劣，複雜之和，而抽其單純之味以辨甘苦，未有不謬者（此即樂天主義）！

5.時間無實，非能以此而抹殺一切物之本體也。如靈魂不滅之論，即不能以時間例之。何則？一物既有，而吾人未能發見其虛無之證據，則不能不以有實論之。是故與時間無關係者，皆得謂之無窮。靈魂之性質，思想也，思想與時間無關係，因而靈魂之無關係於時間，確也，是以謂之無窮。吾人見物界不絕之變化，而不能得絕滅之徵候，因而於物質以上絕滅之疑更少，是以謂物之本質爲無窮。

6.由是而知彼高明之神學者，哲學者，孜孜於無窮之討究，實不合理之見也。其不合理也，由以吾人時間之觀念應用於無窮，而不知兩者全異其法式，不能相關係也。時間者，於其本性，有限也，連續也；無窮者，無限也，臨時也，彼此其不可互證也。如音之於色。吾人之不能由時間以證成無窮，猶之和赤與青，必不能成雅歌法曲也。

是皆有關於唯心論之發達而為康德知識論之先驅者也。

右皆為知識對象之第一問題言也。吾今進涉第二問題，即大始之原理是也。即此問題，亦可為種種之分析，如所謂世界之主義，世界存在之本性，太極界之原質，皆各有可檢之特性，吾人得因其形式及形式內容，而考察之。

吾人以溥通之名目始。名目之總念，大於形式之總念，而形式之總念，又大於內容之總念。今使問曰：大極存在之本性何耶？此其所以對之者，不過極廣漠之詞，曰精神也，或曰物質也。以物之本源及原質為不外乎物質，而精神者腦之作用，亦為物質機能之效果，是唯物論之見也。唯物論者Materilism，原於拉丁語之末推里亞Materia材料之義也。以存在之本義屬於精神界，而物質由是導出者，是惟神論之見也，惟神論者Spiritualism由拉丁語之素里妥斯Suiritus精神之義也。唯物論之代表者，若霍布士、若霍爾拜，若部次捺爾、若傅額、若摩來士楚脫皆是。惟神論之代表，則不可枚舉矣。兩者亦辜較言之。唯物論之中，多有足以當惟神之名者也，而此兩者，極荒漠之名詞。於是進而考所謂惟神論若唯物論者，其形式何如耶？曰：其主義有一二及多數之不同。一者，爲一元論（Monism）；二者，爲二元論Dualism；多數者，爲多元論Pluralism。一元論及多元論，惟神唯物皆得有。而二元論，則決非純粹之唯物者。蓋其第二主義，必物質之反對，而爲精神界者也。唯物論之二主義者，常不爲二元論，而二元論之語，尚有不止二主義而指視本質之反對者。

唯物論之一元論，其界限不言可知。即有一物焉，自生而無窮，而全世界皆其所孳乳，前世紀霍爾拜所著自然之系統System de la natur及當代部次奈爾所著之勢力與物質Kraft und Stoff言之。

唯物論多元論之古式，昔者原子論派之德摩頡利圖其代表者也。

惟神論之一元論，有二別。

1. 抽象之一元論。

2. 具體之一元論。

抽象之一元論，自其所認之太極外，皆等之於夢幻者也。雖其教義亦有不能不認感覺世界者，然非在由抽象而移於具體之時，則其承認爲無效。印度之吠檀達，希臘之愛來亞學派，皆所謂抽象推心論之系統也。然而純粹之抽象一元論，以獨斷構成之者，殆未之見。蓋各抽象唯心論之教義，其所以說大始之原理者，類不免有承認實體之旨在其中，諸君可審檢而得之；是名爲抽象而實有具體之傾向者也。具體一元論之代表者，爲今之哈脫門。

二元論者，謂世界之本體有二，一物質，一精神也，正二元之名，則必其二元之相反而不相關者，如古波斯之宗教，信善及惡二者皆固有，是也。然而波斯之教，在以善屈惡，而善獨爲世界之主，則亦一元論之類也。哲學界之二元論，恐多此類，然亦有截然對待者，如心理學身心二元之類是已。

有內涵之二元論，是於太極而涵兩儀之性質者也。例如哈脫門，以無意識爲世界之原理，是一元論也。然而無意識之內，又以表象及意志爲形式與材料，以成感覺性與理性，是其內涵之二元也。斯賓挪沙以神爲原理，而又謂其包含二反對之屬性，曰物質、曰思想，是亦其內涵之二元也。純正之二元論，當爲一元論之反對，而內涵之二元論，則正所以完成一元論之理者也。

有二重之二元論，如特嘉爾，謂物質也，思想也，對待而存在，而二者又皆爲神之所創造。然則神與世界二元也，而世界又有物質與思想之二元，是之謂二重。

余以原子論者爲唯物之多元論，其有代物質之原子以思想者，是即惟神之多元論也。其巨子爲里伯尼士，此亦謂之各體論。言其存在者爲各各莫破之體也。在哲學界，不能認截然對待之各體，以其與第一原理相矛盾也，故哲學之多元論，及各體論，大抵皆相關者。在里伯尼士之說，則以此各體皆神之所創，而從屬於神而已矣。

凡惟神之一元論，當謂之同一教，同一哲學Identitatsphilosophie。何則？此一元論之形式，統一切有形界，無形界，若遠果、若近果，皆會同於大始之原理者也。是故觀念與實體，一也，精神與物質，一也，其本於大始之原理而發展爲無形界有形式之二者，此如一紙之有表裡，爲進於實體世界之二法式而已。此同一系統之緣起，自斯賓挪莎，而薛令、黑格兒、費斯德、旭賓海爾、哈脫門皆自列於系統之下。然同一哲學之語，惟薛令用之。

一元論又有一特別之形式，則自唯物而移於惟神之形神合一論Hylozoism也。其語源於希臘語之希來（Vλη）及支埃Sωη。希來者物也，支埃者生命也。彼謂物與心不可分離而生命則附麗於物。此生命者，非指各各表現之生命，而謂其根極大始之生命也。在埃那之自然學家海開爾，可謂形神合一論之代表者，而創立精神物理學科學之近世大思想家費耐爾，亦然，費耐爾之形神合一論，結合於信神教者也，凡無意識之形神合一論，於文化初展之時期，與宗教神話學同哲學系統之所關。

說大始原理者之形式，其區別大略如是。於是進而檢其內容。夫內容者，不問而知爲惟神一元論之說。蓋唯物論純粹之物，不能有內容；內容者，不能不隸於精神界，既綜合具原理於太極，則極之本性，不可不定，是得分神學哲學而言之。神學者，其所以指示大始原理，神以外不容有他名也，故神學者謂一元論爲一神教。

一神教有二形式：自然神教Deism及信神教Theism是也。

信神教者，第一，無神教Atheism之反對。第二，神者，超乎世界以上，或世界以外，而非爲世界所容者也。第三，神者，非特世界之始之創造而已。其創造無已時。基督教者，信神教也。中世哲學界信神教之大代表者，奧克梯吾士，常持創造無已之說。

自然神教者，神創造世界，而其後世界中不可破之天則，神不復干涉之，故世界若無神也。其所附麗之宗教，謂之自然宗教，亦曰理性宗教。於前世紀，英法德諸國文化時期，宗教界之見地也。在法國，自然神教之代表者，爲福祿特爾（由一千六百九十四年至一千七百七十八年）及盧騷[8]（由一七一二年至一七七八年）。盧騷之教育界名爲愛彌爾Emile，於第四部中塞弗亞助教自述信仰之狀，即盧騷之自述也。英國自然神教之代表者，約翰妥隆（一七二二年卒），安瑣尼科零（一七二九年卒），麥泰丁達爾（一七三三年卒）。記英國自然神教者，以德人來次來爾所著英國自然神教之歷史爲最佳。德國之自然神教家，有助於文學史哲學史者，有海爾曼、塞吾爾、賴麥魯斯（一七六八年卒）。

自然神教及信神教之反對，不特無神教也，又有萬有神教Pantheism。萬有神教者，今希臘語之般及多斯二語爲之，般者，全體也；多斯者，神也。世界全體，皆神之義也。然萬有神教之界說，頗不明，故有以萬有神教派哲學之一家，而轉爲萬有神教之敵者，旭賓海爾是也。彼謂有限與無限同其本質，故謂之萬有神教。然不必以是而謂無限即神，此無限又得以他義說之。旭賓海爾屢稱意志之萬有神教，則矛盾之詞也。凡萬有神教，普通之形式，不認二元論中無極之神，故萬有神教必一元也。是不但爲信神教之反對，而又爲二元論之反對也。其有合信神教及萬有神教而一之者，費耐爾之系統是也。萬有神教之神，即無限本質之部分，而要爲內涵者，其最明之公式，以希臘語品楷伊品爲之，一及總之義也。此語哲學書及他書所常見，多謂始於愛來亞學派之綏那芬尼，而實不然。要之出於愛來亞學派之哲學者近是。此公式者，其義爲神以各體而又爲全體，而時亦爲神之命證之義。

近世萬有神教之代表者，有若斯賓挪莎，嘗以「神或自然」Deus sive Nature之語，宣布其主義者也。有拍魯爾，於十六世紀爲萬有神教之巨子，當時以爲異端而刑之，今者建靈像於被刑之所。其同時有意大利人佛尼，嘗言

「余能拜神於禾莖之內」，亦粹然萬有神教也，以千六百九年被逮，焚於法國之支爾斯。

吾人於黑格兒弟子中，見有萬有神教特別之形式，所謂通人心而神自得者。此輩弟子，謂之似黑格兒學派，或謂之左側之黑格兒學派。蓋其於黑格兒學派，非保守黨而改革黨也。在帝國議會，改革黨坐於左側，故以此名之。其代表者，有若戴費得斯脫拉斯，有若路維弗埃畢次，有若埃挪洛。有可謂超於萬有神教者，德國哲學家楷爾福拉（一八〇八年卒於愛那）及烏爾里西，並康德後大哲學家費斯德之子小費斯德代表之。其教義，謂至善至備者神也，而人間之理性，與神之理性，同其本質。神者，以人間爲其意志之機關，人之知善而好善者，即其對於太極主體之感應也。是故神者，存於人間，而又超然爲太極之主體，不以全體入人間，而降以一部分也。

萬有神教，或變而爲萬有在神教Panentheism，其公式謂非全體即神，而全體在神之中。德語謂之埃爾音哥替來勒Allingottlehre悉在神之中之義也。其代表者，大思想家克勞斯（一八三二年卒）。克勞斯之學派，雖不甚著，而其弟子若埃稜士、若隆哈底、若林德曼，皆有聲。埃稜士者，嘗以極縝密之法文，譯其師克勞斯之著作者也。克勞斯之教義，法蘭西、西班牙，兩國多有傳之者。

於是有二要義，皆以無限與有限爲同其本質，而世界實涵有大始之原理。與萬有神教頗相似者，即萬有理性教，及萬有意志教，是也。

萬有理性教（Panlogism）合希臘語之般及羅各士λογός爲之（般即萬有，羅各士即理性）謂物之實體，即具體之理性，於理性之進化中，各循其階段而表彰之者也。近世最大之萬有理性教家，爲黑格兒。彼有界說曰：「凡實際者，皆有理者也。」此實危險之言，屢有誤解之者，特於政治世界，足爲辨護罪惡之助；是以在普魯士國，甲之所解，見以爲流弊而非難之，乙之所解，則又以爲正義而歡迎之。要之此語論定，則黑格兒之教義，必於普國爲最有勢力之哲學也。余意黑格兒書此語時，未必如解者之拘泥，不過言理性主義必至之結果，要當以理論之例理會之。

謂世界不能有善而無惡，黑格兒之萬有理性教，不足以解釋之。起而與之反對者，旭賓海爾之萬有意志教是也。

萬有意志教Panthelism者，謂物之本源及本質，意志也，非向一目的之有意識之意志而愛生命愛實利之無意識之意志也。萬有理性教，不適於說明實事，而萬有意志教，又不適於說明理想，折衷兩者而綜合之，於是有哈脫門之萬有精靈教Panpneumatism。彼其所著無意識哲學，謂無意識主義，其所涵太極之原理，非純粹理性，非純粹意志，而其統一理性及意志兩者之精神也，亦謂之萬有精神教。（Panpsychism）。

萬有精神教之代表者，有近日最雋永之思想家費耐爾。彼所著眞佛達太（Zendavesta）爲生生世界之義，而以波斯神聖書之名名之，波斯古書曰Zoroastes，或曰Zorathustra至可玩味者也。是書非波斯古書譯本，而其教義，使讀者聯想於古宗教及古詩之興味，故以此名之。費尙著有小書，曰能那，義即植物之靈。

人間之本性、世界之價値及意義，道德之關係、凡此等見地之異同，各因其人純正哲學及知識論之性質以爲準。

凡自然神教家及信神教家，別人神而二之，謂人之本質者，離於神之本質而爲他質者也，希臘語謂他質爲海得羅士，本質爲烏塞，故合而言之，爲海得羅烏塞安。

其與之反對而謂人神同質者，謂之霍摩烏塞稽安，合希臘語之霍摩士及烏塞而言之，是萬有神教之見地也，而萬有理性教、萬有意志教，亦然。

謂人神之本質同也，而其本質之所以表彰者異，謂之同而異，是具體一元論之見地也。

世罪之價值有三異見：厭世教、樂天教，及厭世教之進化說，是也。

厭世教者，謂世界害惡之積數，大於快樂之積數。故人間者，其本質固腐敗也。而普通之生生者，惟惡業，人間也，世界也，不如絕滅之爲愈，是於古希臘拉丁之文學及近世旭賓海爾之書，見之。

樂天教者，謂此世罪，神之所造，而無上之快樂者也。如其不然，神何以選此而造之？近世最大代表者，爲里伯尼士之古義說，而萬有神教之萬有理性教，亦皆同此主義。如黑格兒，即純乎樂天主義者也。

厭世教之進化說，哈脫門價値論之義也。彼以爲由各體之生命觀之，惡業而已，禍根而已。而由全體之生命觀之，則以至善爲目的者也，於吾人、於人類全體，及世界進化之歷史，不能不持樂天教。此說也，較粹然之厭世教及樂天教皆高，而吾則以爲最高者，斯賓挪莎之說也曰：「亦笑亦泣，當不厭也而認之。」non ridere, non, lugere, nepue detestari sed intelligera。其自稱恆心如神之拍魯爾，自題其肖像曰：悲哀之中有和平，和平之中有悲哀，in trtstitia hiralis, in hiralitace tristis，亦此意也。道德問題，別有二支，一、人間意志之發動，自由耶？否耶？二、倫理之本源，此承第一問題而來者也。

吾人雖頃刻之舉動，皆有前定，雖欲不如是而不得，此宿命論之見也，亦謂之定道論。在昔爲斯多亞學派，而近世則斯賓挪莎代表之。旭賓海爾之定道論，則非斯賓挪莎之比，要之厭世教家，大抵持宿命論者也。

宿命論之反對，爲自由意志論liberum arbitrüm indifferentiæ，基督教會之正教，以此爲教條者也。而此教義之大敵，於加特力教會，有奧加士田尼。其在哲學，採奧加士田尼之教義以爲說者，旭賓海爾也。彼之教義，可謂綜合奧加士田尼及柏拉圖兩家之教義而爲之。余今略述奧加士田尼自由之說如左：

實際自由之證，不能得之於世界，以人皆立於罪惡之地位者也。然使謂人不自由，則基督教重要之點，所謂人間有罪者，將無所歸宿。何則？吾人如不自由而爲惡，則於道德界不得謂之惡，而吾人亦不任其責，無責則無所謂罪，亦無可罰也。此奧加士田尼之疑問也。若此世界而無所謂自由，則自由之狀，必於世界之前，或他世界得之。奧加士田尼曰：亞當無罪之時，其樂如神，是自由世界也。蓋神所造者，本自由之人，而亞當誤用其自由於罪惡而失之。人類全體者，自亞當而出，故亦罪亞當之罪，而失其自由，此人類不自由之原因也。

旭賓海爾及康德，亦取自由及定道兩者而調和之。彼等謂理性者自由，而經驗世界，則被制於定道論。自由及定道之調和，謂人間者誠制於定道者也。而彼有自定之力，蓋彼自立於法則之下，而所謂定道者，彼自定之也，是謂心理定道論，可於里伯尼士及哈脫門之教義見之。

論理之本源，由宿命論言之，則吾人之舉動，鎮靜而已。其規則之公式，如該零之言，曰「汝於其處無能爲何事之力者，則汝於其處亦無可戀之事」是也。

由自由論言之，則歸宿於各人幸福說，謂吾人道德界之目的，在於完全各人之幸福也。幸福說之大敵，爲康德。蓋心理定道論之結論，有所謂道德之自動，言人者自由也，而同時自循乎天則，此康德倫理界之見地也。最後之問題，世界者，服從於機械學之規則者耶？抑有目的而計畫以達之者耶？凡不認有目的有計畫者，機械學之見也。其他皆爲終局論（Teleology）。凡唯物論之哲學，皆認可機械學者之見，而自穆勒、根德、斯賓塞爾諸家，置太極原理於不論議之界者外，要皆終局論也。有理之終局論，常爲機械學論及終局論之綜合。

哲學入門必先理會其總念及名詞，余既爲諸君言總念之大略，今言名詞。

余今者自積極教Positivism積極哲學之名始。積極教有二種：一者，於法國有根德及里的來，於英國有穆勒及斯賓塞爾，於德國有賴斯及毗爾諸家，代表之。其哲學惟認可積極事實之在經驗界者，其於純正哲學，謂非人間理性所能知，可不必思議之。

積極教之第二種，亦建於事實界。然其事實爲超乎自然世界者，即神之意志所示現之事實也。夫神之意志之示現，於人間理性，在不可知之界，故建於示現之事者，謂之積極宗教，以其建於宗教之事實，故謂之積極也，凡欲理會此示現之事實者，謂之積極宗教，以其建於宗教之事實，故謂之積極也。凡欲理會此示現之事實者，不可不燿其靈火。靈火之燿Illumination即吾人所以理會於不可知界之心光也。薛令及巴德爾與刁丁吉爾等，以此義用積極哲學之名詞。薛令者，反於黑格兒而用積極名詞之第一人也。於是黑格兒之哲學，當爲消極negative者，以其建於合理之主義者也。合理者，必然者也，不能不然者也。反之則可以然，可以不然，謂之非必然也，非合理者。夫神之意志無限自由，天固可以如此，可以如彼，而不能以必然者合理者繩之，故積極哲學，非合理者也。此其形式，雖與根德之積極教類似，而其內容，則正與根德及斯賓塞爾諸家之積極相反對，是謂宗教之積極教。或謂之純正哲學家之積極教，是薛令晚年之定論也。

余嘗以該零爲遭際說之代表者。夫遭際說Occasionalism，何謂耶？彼特嘉爾之二重二元論，既立神與世界之二元，而又於世界立心物二元矣。自是以後，哲學者大抵以意志屬於心界，而舉特嘉爾所謂心若靈魂者，解爲意志之所積。凡人物身心之互動，皆起於自然，非合心物二元，則生命不完也。夫吾人於有意識之行爲，固可以證心之影響於身，亦有足以證身之影響於心者，使身心截然分立而不滅，則兩者何恃而能互相影響耶？

特嘉爾派所以解釋之者有二：一原因於神之全能，謂心物互相影響之狀即神所造也。此神學之見也。雖然，此義也，以神學說之，不如以自然學說之之易，蓋心物均爲實體，而能互爲影響，是必有一物焉，流注兩體，以爲之媒介也，雖然，此流注者何物也？謂實體之性，能容反對實體之注入，此豈復可思議者耶？而特嘉爾認之，此其當改正者也。

於是有遭際說以彌其所短。據該零之說，神者爲世界及人生動作之大原因，而所爲動作之物與心，皆神之器具也。故物與心之動作，乃不過遭際於神之意志之動作，而人固不能主動也。人不能離神而自造一物，則烏能知其動作之次第耶？該零之格言曰：「汝不知此物之如何創造者，汝非其創造者也。」Quodnescis quomodo fiat idnon facis。是其最簡明之語也。心物之影響，爲遭際說者，尚不足以自立，於是有里伯尼士之豫定調和說Harmonia praestabilita，謂世界內部元子間之調和也。元子者，存於精神界，而其動則由於知覺，各元子決不能自爲一世界，截然與他元子睽離，而不受其影響。吾人之身，固元子之複合者也。神者，於創造之前，固豫定其時刻分秒之相同也，由是說而心物之關係，世界之全體，皆可以解釋矣。然不合於斯賓挪沙之見，蓋彼以物心爲同一，其所謂異者，如一物之有表裡而已。

哲學家言，於神之存在，或據本體論，或據宇宙論，或據物理之神學，或據倫理之神學，此皆甚要之總念，不可不說明之。

本體論者，由神之本質，而推及於其存在者也。中世紀煩瑣學派，基督教哲學之初祖，法人安綏魯士，始發明之。其講演集Proslogium有曰：神之存在，其他無以尚之。蓋惟神全能，自於想像中有種種之命證，存在者，命證之一也，是不特於吾人有存在之觀念而已，其實因存在也，蓋眞之本性及總念。吾人所認爲神之本質者，吾人決不能爲非存在之想像，是即其存在之確證也。康德以前，哲學家多本此證據而小變之，鮮能出其範圍。及康德出，始論其證據之薄弱，以爲非有理論之命證，不過示位置而已。

宇宙論者，由宇宙存在之事實，而推及於神者也。其言曰：無論何人，不能不認此世界爲存在者。然此世界，要爲尤高於此而存在者之所創造，是神也。即世界及運動之原因也，凡宇宙論家，多爲此說。其稍進而及神之性質者，亦不過證明其造宇宙主運動之狀態而已。

物理之神學，亦謂之終局論。其兼容宇宙論，固不待言。惟其所證，不但神之存在而已，更舉神之性質，所謂全能全智全善者而論之。由全宇宙及其一部之秩序，及經緯而推及者也。

宇宙論之更進於終局論者，於十七十八兩世紀間，始於英國，爲歐洲文化時代哲學之普通主義。其最著者，牛敦也，其他若福祿特爾、盧騷、里伯尼士等，亦時有此思想及議論。

康德者，有見於宇宙論及物理之神學，皆不免誤謬，乃以倫理之神學，證神之存在，是實由福德相準之比例而推度之者也。然而此比例者，吾之良心確見其必然，而以古今之經驗，知決非感覺世界之所有，是必待吾人死後而得之。故死者，非吾人存在之終，而吾人固不死者也，以斯比例非神不能制定，而得以證神之存在。

吾今者爲諸君示哲學歷史之最精要而便於初學者，其目如左：

克那費駭爾所著論理學及純正哲學之系統Kuno Fischer System der Logik und Metaphysik。一千八百六十五年重印。

克那費駭爾所著近世哲學史Geschichte der neuorn Philosophie六冊，第一冊入門及特嘉爾篇最要。

愛色爾所著希臘哲學史綱要Grundriss der Geschikte der Philosophie。一千八百八十六年印。

溫的彭所著古代哲學史Geschichte der alten Philosophie。一千八百八十八年印。

愛甫游弼佛所著哲學史綱要Grundriss der Geschichte der Philosophie三冊。

愛爾德門所著哲學史綱要Grundriss der Geschichte der Philosophie二冊，一千八百七十八年第三次印。

愛弗鑑勃所著由尼哥拉士、枯愛士以來之近世哲學史Geschichte der neueren Philosophie von Nicolans von Kues his zur Gegenwart，一千八百八十六年重印。

克那費駭爾之近世哲學史爲近世傑作，然不宜於初學，初學者宜讀簡單敘述之書，愛弗鏗勃之書最適合。

黑格兒以後之哲學，以愛爾德門之作爲最，然最新哲學，必豫想全歷史中詳細之知識，非初學所宜。

吾於是爲諸君言讀書之法，凡知識之無系統不消化者，非知識也。知識者，不可不有以貫通之。哲學者不在博學，而在知識之明晰及堅定。吾今所望諸君之留意者，惟在問題及教義之歷史並哲學之公理。至於名稱年紀，或有所忘，不爲病也。記憶非哲學家之所重，重在理解推悟，使所得者有生長之力焉。

癸卯（一九〇三）年九月初版。中華民國十六年六月十一版。

講者：德國科培爾

述者：日本下田次郎

譯者：紹興蔡元培

注釋

【1】今譯為黑格爾。
【2】今譯為拉丁語。
【3】今譯為莎士比亞。
【4】今譯為畢達哥拉斯。
【5】今譯為亞里斯多德。
【6】今譯為笛卡兒。
【7】今譯為斯賓諾莎。
【8】今譯為盧梭。

五南文庫 040

論哲學

作　　者　蔡元培
發 行 人　楊榮川
總 編 輯　龐君豪
編　　輯　陳姿穎
封面設計　井十二設計工作室

出 版 者　五南圖書出版股份有限公司
地　　址　106台北市和平東路二段339號4F
電　　話　（02）2705-5066（代表號）
傳　　真　（02）2706-6100
劃　　撥　0106895-3
戶　　名　五南圖書出版股份有限公司
網　　址　http://www.wunan.com.tw
電子郵件　wunan@wunan.com.tw
法律顧問　元貞聯合法律事務所　張澤平律師
出版日期　2012年 3 月初版一刷
定　　價　新台幣250元

國家圖書館出版品預行編目資料

論哲學 / 蔡元培 著.--初版.--臺北市：五南,
2012.03

面；公分. --（五南文庫；40）

ISBN 978-957-11-6581-3 (平裝)

1.哲學

100　　101001243